वासुदेव दुर्योधन संवाद

श्रीमती कुमारी रूपा

यह पुस्तक मेरे पिता, स्वर्गीय बिजय कृष्ण घोष को समर्पित है। उन्होंने मुझे महाभारत की गहन कथाओं और उदात्त कहानियों से परिचित कराया। उनके शब्दों में धर्म, साहस और सत्य का सार निहित था। प्रत्येक अध्याय, प्रत्येक पन्ने पर उनकी शिक्षाएं और प्रेरणा मेरे साथ हैं। यह कृति उसी प्रेम और ज्ञान का प्रतिफलन है, जो उन्होंने मुझे दिया था। पिता जी, आपके स्मृति में यह विनम्र प्रयास समर्पित है।

notionpress
.com

INDIA · SINGAPORE · MALAYSIA

ISBN 979-8-90392-684-8

Contents

वेद से उद्धृत

मत्सि वायुमिष्टये राधसे नो मत्सि मित्रावरुणा पूयमानः।

मत्सि शर्धो मारुतं मत्सि देवान मत्सि दयावापृथ्वी देव सोम ॥

अर्थात—वरुण तथा मरुद्गण की सामर्थ्य बढ़ा देनेवाला सोम, इन्द्र के बल को भी बढ़ाए। वह हमें अन्न धन प्रेषित करने के लिए वायु को प्रसन्न करे और अपने दिव्य रस से सभी लोकों में प्रसन्नता बढ़ाने वाला हो।

यत इन्द्र भयामहे ततो नो अभयं कृधि

मघवन्छग्धि तव तन्न ऊतये वि द्विषो वि मृधो जहि ॥

अर्थात—हे अभय प्रदान करनेवाले इन्द्र, जिन द्वेषियों से हमें भय होता है उन्हें नष्ट कर, हिंसा करनेवालों का अंत कर। तू सामर्थ्य वान है, हमारी रक्षा कर।

—सारे श्लोक साम वेद (मनोज पब्लिकेशन से उद्त)

रचनाकार के विषय में

'वासुदेव दुर्योधन संवाद' नामक खंड-काव्य की रचयिता श्रीमती कुमारी रूपा दास, पति स्वर्गीय श्री विनय कुमार दास ग्राम, ओड़य, जानकीपुर बांका बिहार। इन्हौंने 69 वर्ष की उम्र में 'अंगिका राम चरित मानस' जैसे महाकाव्य की रचना कर इतिहास बनाया, जिसका लोकार्पण अयोध्या में श्री राम जन्म भूमि पूजन के ठीक एक दिन पूर्व दिल्ली में किया गया। इसके विषय में कुछ भी कहने की जरूरत नहीं है। हर वर्ग के लोगों के द्वारा इस महाकाव्य का स्वागत हुआ। इस पुस्तक को भारत सरकार का स्वायत्तताधिकार भी मिल चुका है। इनकी दूसरी पुस्तक 'नरायणम्' की भी पाठकों द्वारा खूब सराहना हुई। श्रीमती दास ने महामहिम राज्यपाल आरिफ़ मुहम्मद खान साहब, बिहार, को

अपनी सभी पुस्तक भेंट करते हुए 'नरायणम' को बच्चों के पाठ्यक्रम में शामिल करने की भी अपील की। तीसरी पुस्तक जिसका नाम 'एक मुट्ठी शब्द' कहा गया है, जो निश्चय ही पाठकों के लिए बेमिसाल रही है। यह कुछ कविताओं हिंदी और अंगिका दोनों की और साथ कुछ बेहतरीन कहानियों का संग्रह है, और सभी जीवन से जगत तक की सशक्त व्याख्या से पूर्ण।

जन्म तिथि – 28/11/1954

शैक्षणिक योग्यता – दो बार स्नातकोत्तर की डिग्री

माता – स्वर्गीया श्रीमती अन्नपूर्णा देवी

पिता – स्वर्गीय श्री विजय कृष्ण घोष

स्थायी पता – ओड़य जानकीपुर, बांका, बिहार

फोन – +91-9920834410

ईमेल – kumarirupadas@gmail.com

प्रक्कथन

'वासुदेव दुर्योधन संवाद' जैसा कि नाम से ही पता चल जाता है, यह निश्चय ही महाभारत के प्रसंगों से लिया गया है। दुर्योधन और वासुदेव दोनों ही महाभारत के पात्र हैं। मगर अब तक में, जब भी महाभारत के अंदर के किसी संवाद की चर्चा हुई है, और वह भी श्री कृष्ण के साथ तो अर्जुन, युधिष्ठिर, विदुर कुंती द्रौपदी या भीष्म की ही चर्चा सामने आती रही है। कहीं-कहीं कृष्ण की भागीदारी कर्ण के साथ भी देखने को मिली है, मगर दुर्योधन के साथ कृष्ण के संवाद के विषय वस्तु भी क्या हो सकती है, एक भगवान ही और दूसरा घनघोर पापी। भला इनके मध्य संवाद की क्या संभावना। फिर भी यहाँ रचना का विषय ही दुर्योधन को रखा गया है, साथ ही इसी के सिलसिले से पूरे महाभारत के इतिहास को स्पष्ट करने का एक अलग प्रयास भी है। सिर्फ महाभारत की जानी समझी कथा ही नहीं अनेक ऐसी कथायें जो आम नहीं है, या जिसे बहुत से लोग आज तक न जान पाए हैं, या वैसा कुछ जो महाभारत का मूल होने के वावजूद भी महाभारत की कथाओं के अंतर्गत इन विषयों पर कोई विशेष ध्यान नहीं दिया गया है, यहाँ उन्हीं सभी पहलुओं को स्पष्ट करने का प्रयास किया गया है। दुर्योधन के संवाद के माध्यम से महाभारत काल के उन सारे भूले बिसरे तथ्यों को स्पष्ट करने का प्रयास है, जिसे लोग अभी तक अहमियत न दे पाए थे। दुर्योधन का कृष्ण से यह कहना--अर्जुन को नायक \ मुझे तूने जगत में खल नायक बना डाला\' या 'कहो माधव \,मैंने कब अपने कर्मों की अवहेलना की है'\ अपने आप कर्म की प्रधानता का आकलन कर देता है। इस रचना के विषय के रूप में गंगा का धरती पर आने का कारण, सत्यवती की उत्पत्ति, राजा शांतनु से विवाह, द्रौपदी के पूर्व जन्म की कथा, द्रौपदी के वस्त्र हरण न कर

पाने का कारण कृष्ण नहीं बल्कि स्वयं धर्म राज, या द्रौपदी का सतीत्व था, धृतराष्ट्र का जन्मांध होने का कारण, कर्ण अर्जुन के मध्य प्रतिद्वंद्विता का कारण, भीष्म और अष्ट वसुओं की कथा, गांधारी आँख रहते भी क्यों अपने सौ पुत्रों का मुख नहीं देख पाई, इत्यादि विषय को कारण सहित प्रकाश में लाने का प्रयास है। अभिमन्यु का वध कृष्ण के होने के बावजूद भी क्यों हुआ. पांडव के सारे पुत्रों, एक वब्रुवाहन को छोड़ सबकी हत्या के कारण, भीम के पौत्र बर्बरीक का कृष्ण के हाथों वध, इन सारी ही घटनाओं का वर्णन यहाँ कृष्ण ने दुर्योधन के प्रश्न के उत्तर स्वरूप दिया है। अर्जुन कृष्ण का भक्त था, कर्ण भी कृष्ण का भक्त था, फिर भी कृष्ण सदा अर्जुन के ही साथ रहते थे। दुर्योधन की जंघा टूटने के समय से इस कथानक की शुरूआत की गई है, मगर इसके द्वारा महाभारत की या कहें द्वापर युग की, लगभग कुरुवंश की, सारी घटनाक्रम और संभावनाओं का समावेश है। यह महाभारत लेखन का एक एकदम अलग प्रयोग है। साथ ही अंत आते-आते दुर्योधन को सम्पूर्ण रूप से परिवर्तित कर कृष्णाकार भी कर दिया गया है, जो अब तक के इतिहास के लिए एकदम नया है। दुर्योधन का कहना— 'मुझे तो ज्ञात ही था सब नष्ट होगा', 'तेरे संग वैर में भी भक्ति दो' या 'तू ही इस जीवन का परम सच है, गुरु बलदाऊ ने कभी कहा था' दुर्योधन के जीवन की सत्यता को दर्शाता है। वह भले ही पापी था मगर पाप का बोझ सदा भगवान ही उठा कर जीव का उद्धार किया करते हैं, चाहे वह रावण हो, कंस हो या दुर्योधन हो। सभी पाप करने वाले यह जानते हैं कि उनके पापों का अंत भगवान द्वारा ही संभव होगा, मगर कब यह कौन कहेगा? पापी भी जब पाप करते- करते ईश्वर को प्रतिद्वंद्वी मान लेते हैं तो वे सिर्फ अपने प्रतिद्वंद्वी या भगवान के ही चिंतन में रम जाते हैँ, और जो सदा वैर, प्रीत, सख्य या किसी भी वजह से प्रभु को स्मरण करते हैं, उस पर तो भगवान की कृपा हो ही जाती है। यही बात रावण के साथ भी थी। रावण जानता था कि यदि यह दशरथ कुमार, भगवान हैं, तो ही वह उनसे हारेगा, यदि वे राजकुमार होंगे तो रावण अवश्य उन्हें पराजित करेगा; यही विचार कर रावण—

होइहिं भजन न तामस देहा। मन क्रम वचन मंत्र दृढ़ एहा।
सुर रंजन भंजन महि भारा। जाऊँ भगवंत लीन्ह अवतारा।
तौ मैं जाई वैर हठि करऊँ। प्रभु सर प्राण तजे भव तरऊँ॥

इसी तर्ज पर इस रचना के अंदर जब दुर्योधन स्वयं बलराम जी के शिष्य थे तो भी वे भला कृष्ण के विरोधी कैसे हो सकते थे, मगर उसके जन्मों - जन्मों के पाप को नष्ट तो करना जरूरी था, और द्वापर में कृष्ण अवतार ही इसीलिए हुआ था कि धरती पर चले आ रहे पापों का, पापियों का नाश हो सके। समूचा महाभारत इसी दृष्टिकोण पर आधारित भी है, चाहे वह कंस हो, शिशुपाल हो, या जरासंध हो सबों का नाश अवश्य होना था। तो फिर महाभारत का मुख्य नायक, सारे पापों में अग्रणी शकुनि शिष्य दुर्योधन का चरित्र यों ही कैसे अनछुवे छोड़ देना उचित हो सकता है? उसका उद्धार कैसे नहीं होता? इसी पृष्ठ भूमि पर इस खंड काव्य की रचना हुई है। साथ ही आम लोगों तक यह संदेश देना भी कि अंत तक सिर्फ भगवान ही साथ देते हैं। दुर्योधन् कहता है—

इस महाभारत की रचना में,
ज्ञानी बर्वरीक की दृष्टि में,
तेरे बिन कहीं कुछ नहीं हुवा
हे माधव, इस पूरी सृष्टि में।

फिर कहता है—इस सृष्टि में कुछ अब नहीं बचा \ एक तू -ही- तू सर्वत्र विचर रहा...

महाभारत कोई छोटी कहानी की किताब नहीं, यह अनेकानेक कथाओं, उपकथाओं का भंडार है, इसके अंदर यदि एक कथा समझ आती है तो तभी उसकी दूसरी कथा प्रश्न बन जाती है। इन्हीं सभी बातों को विचार करने के बाद उन सारी घटनाओं का स्पष्टीकरण ही इस रचना का मुख्य ध्येय रहा है। एक बात मैं यहाँ सत्यापित करती हूँ, कि इस पुस्तक में उद्त होने वाली सारी -की -सारी घटनाओं का मेरे पास कुछ ठोस प्रमाण न होने पर भी, कुछ अपने बचपन से अपने पिता से सुनते आ

रही स्मृति के आधार पर, कुछ किवदंती के आधार पर, कुछ अपने आज तक के अध्ययन के आधार पर, जैसे मैं अपने फुरसत के समय शास्त्र, पुराण, भागवत, वेद इत्यादि का अध्ययन करते रहती हूँ, और साथ ही परमहंस श्री योगनन्द जी के शिष्य होने के कारण जीवन की सच्चाई को समझने के प्रयास में, जनमानस को एक कहानी के माध्यम से भूतकालीन घटनाओं के परिप्रेक्ष्य में वर्तमान जीवन को समझाने का प्रयास किया है। कहीं द्रौपदी के चरित्र वर्णन कर, कहीं गीता का उपदेश बताकर, कहीं वासुदेव और दुर्योधन के व्यक्तिगत संवाद के रूप में जीवन को सही मायने में पाठक के समक्ष परोसने का यह एक प्रयास है—

दुर्योधन् कहता है—

नियति पर जोर कहाँ चलता है
चाहे वह पंडित हो या ज्ञानी हो
सब कुछ को तुच्छ समझने वाला
कोई कर्णवीर सा दानी हो ।
मगर कृष्ण कहते हैं—
क्या तूने अपने सारे पापों को
धो डाला नियति के कर से ?
रे अभागा,
नियति यह कभी नहीं कहती
इतना पाप करो तुम कि
अपने ही पापों से कभी न
उबर पाओ तुम ।

दुर्योधन जहां पापाचार के लिए प्रसिद्ध है, वहीं वह अपने ही वंश में अपने पूर्वजों द्वारा किये गये अनाचार की कथा से व्यथित भी है। वह कृष्ण से सत्यवती के विषय में पूछता है...

क्योंकर माता सत्यवती ने
अपनी ही कुलवधू को
भेज दिया किसी और के पास
कुलवंश बढ़ाने को ?
फिर दुर्योधन् कहता है—
क्या कोई विधवा स्त्री मन से
किसी और को स्वीकारती है,
यदि हाँ तो कहो,
फिर दुनिया में सतीत्व का
मोल क्या है?
एक जगह तो लगता है, जैसे दुर्योधन का हृदय विद्रोह कर उठता है
"यह कैसी नियति थी
वासुदेव कृष्ण,
जरा यहाँ भी तुम
कुछ बोलो",
और—
"इस कुरु वंश के सारे राजे बड़े
धीर वीर पराक्रमी हुआ करते थे
पर यह कैसा पराक्रम था कि सारे
राजे बस स्वयं के लिए ही सोचते थे"

—इन सब पंक्तियों के द्वारा स्पष्ट होता है कि कोई भी, चाहे पापी हो या धर्मात्मा, पर अपने पूर्वजों के गलत कर्म से सदा शर्मिंदा ही होते हैं। हलांकि कृष्ण ने दुर्योधन को उसके सारे प्रश्नों के उत्तर में, कर्म की प्रधानता को ही स्वीकार करने को कहा है। कर्म ही गीता है और गीता हर मोड़, हरेक पहलु हर युग के लिए सत्य है।

कृष्ण दुर्योधन के सारे प्रश्नों का उत्तर देते हैं साथ ही उसके द्वारा किये गए सारे अनाचार, पाप की भर्तसना करते हैं और अंत में उसके पापों को, उसके कर्मों को क्षमा कर उसे स्वीकार भी करते हैं, उसे अपने साथ एकाकार कर विश्व को यह बतलाते हैं कि वास्तविक विजेता अर्जुन नहीं, वास्तविक विजय दुर्योधन ने राज्य नहीं, मोक्ष प्राप्त कर की है। यह रचना कवि मस्तिष्क की सोच का विराट फलक है। यह गीता के विचार के साथ जीवन के गहन अनुभव और ज्ञान का परिचय देता है। यह मन में विचार आना कि दुर्योधन के मुंह से महाभारत काल की चर्चा करने की अकुलाहट के साथ-साथ उन सभी भूले बिसरे पात्रों के चरित्र की उत्कंठा, हर मोड़ पर यह अनुभव, कि वह एक नियति का हिस्सा है, हृदय से वासुदेव को ही सच समझते हुए भी, हर मोड़ पर अधर्म और पाप में, अहंकार में डूबा रहना, यह जीवन के एक गहरे सत्य से परिचय करवाता है। दुर्योधन श्री बलराम के शिष्य हो कर भी कृष्ण के खिलाफ रहे यह तो हो ही नहीं सकता था। उसने स्वयं भी कृष्ण को अपनी सेना के संचालन के लिए निमंत्रण दिया था, परंतु श्री कृष्ण ने उसे वहाँ अपनी नारायणी सेना का लालच दे कर और यह कि 'मैं युद्ध क्षेत्र में अस्त्र न उठाऊँगा' के प्रण कहकर भरमा दिया था। कृष्ण के द्वारा ये सारे छल छद्म इस लिए किये गए थे, क्योंकि नारायणी सेना के कारण ही अभिमन्यु की मुक्ति निश्चित थी। यदि नारायणी सेना से युद्ध करने उस दिन अर्जुन कृष्ण के साथ न गए होते तो अभिमन्यु वध नहीं हो पाता, और भगवान चंद्रमा के वचन से बंधे थे, उन्हें यह प्रपंच करना ही था। चंद्रमा अंश अभिमन्यु के जाने का समय निश्चित था। यहाँ, एक बात मुझे कहीं पर और पढ़ने मिली थी कि यदि अभिमन्यु वध का अधर्म अन्याय करने का पाप और उस पाप के पश्चाताप का बोझ कर्ण पर न होता तो उसका संहार इतना आसान न होता। कर्ण का सूर्य पुत्र होकर भी चंद्र अवतार के साथ धर्म युद्ध में सम्मुख न होकर पीछे से वार करने का अधर्म, वह भी निहत्थे बालक पर, यह सृष्टि के नियम के विरुद्ध था और इस विवेक के साथ सारा अन्याय पूर्ण आचरण करना, कर्ण के लिए घातक हुआ, वह भी श्री कृष्ण की इच्छानुसार।

राजा भरत की वंशावली—

चंद्रवंशी राजा भरत के पुत्र, पौत्र और प्रपौत्र—दुष्यंत और शकुंतला के पुत्र भरत।

भरत की तीन पत्नी और नौ पुत्र। अपने पुत्रों को राज्य के उत्तराधिकार के योग्य न समझ राज्य के लिए उन्हौंने ऋषि भारद्वाज के पुत्र भूमन्यु को गोद लिया। फिर भूमन्यु के द्वारा भरत के पुत्र विताथा को गोद लिया गया। भूमन्यु के बड़े पुत्र सुहोत्र था, जो बाद में राजा बना। सुहोत्र के पौत्र संवर्षण बीमारी से ग्रसित हो गया और उसकी शक्ति क्षीण हो गई थी जिस कारण वह राज्य पांचाल नरेश, जो भरत के चचेरे वंश थे, उनके द्वारा जीत लिया गया। तब राजा भरत सिंधु नदी के किनारे ऋषि वशिष्ठ के संरक्षण में अपने संघर्ष के दिन बिताने लगे। वहीं फिर समय पर ऋषि वशिष्ठ के मार्ग दर्शन से संवर्षण का पुत्र 'कुरु', ने अपने राज्य की स्थापना की। संभवतः कुरु चंद्रवंश की सातवीं पीढ़ी के थे। वे एक बुद्धिमान आदमी थे, उन्हीं के द्वारा कुरु वंश को आगे बढ़ाया गया, जो आगे चल कर कुरुजांगल कहलाया। राजा भरत के प्रपौत्र प्रतीक के तीन् संतानें थीं, देवापी, शांतनु और बहीलिका। बड़े पुत्र देवापी जब शुरू में ही तप को जंगल चले गए तब शांतनु राजा बने। उनका ही विवाह पहले गंगा से हुआ, जिनके पुत्र भीष्म हुए, और दूसरा विवाह सत्यवती से हुआ, जिनसे महाभारत की कथा चली। ये सभी कुरुवंशी या भरतवंशी भी कहे जाते हैं।

वास्तव में धृतराष्ट्र और पांडु दोनों कुरु के वंशज ही थे, मगर धृतराष्ट्र और दुर्योधन कभी भी पांडु को या पांडव को पसंद नहीं करते थे। सर्व प्रथम चूंकि धृतराष्ट्र जन्मांध थे इसलिए सत्यवती ने अपने दूसरे पौत्र पांडु को राजा बनाया मगर धृतराष्ट्र को यह पसंद न आया और उसने बलपूर्वक वह राज्य छीन कर पांडु को निष्काषित किया। उस वंश के बड़े पुत्र होने के कारण धृतराष्ट्र राजा कहलाये, इसीसे पांडु उनसे बचने के लिए सदा जहां-तहां पत्नी सहित घूमते रहते थे। एक बार धृतराष्ट्र ने पांडव को वार्णावर्त की अग्नि में जला डालने का भी प्रयास किया था। वन में ही पांडु पुत्रों ने

देवताओं के आह्वान करने के उपरांत जन्म लिए। चूंकि पांडु को एक हिरण का श्राप था कि वे जब भी किसी स्त्री के साथ संभोग करेंगे उनकी मृत्यु हो जाएगी; और कुंती को ऋषि दुर्वासा का वरदान था, वह जब भी किसी देवता का आह्वान करेगी, देवता के द्वारा उसे पुत्र की प्राप्ति होगी। इसी कारण कर्ण भी सूर्य पुत्र के रूप में कुंती की प्रथम संतान माने जाते हैं। पांडु अपने श्राप कारण अपनी संतान उत्पन्न नहीं कर सकते थे, इसीलिए पांडु की आज्ञा से ही कुंती ने बारी-बारी से चार देवताओं (धर्मराज,पवन देव, इन्द्र, और अश्विनी कुमार) के आहवान द्वारा अपने लिए तीन पुत्र और माद्री के दो जुड़वा पुत्र नकुल और सहदेव को प्राप्त किया। इसी बीच एक दिन माद्री को देख कर पांडु कामासक्त हो गए और माद्री के साथ संभोग करते हुए मृत्यु को प्राप्त हुए। पांडु की मृत्यु के साथ पांडु की दूसरी पत्नी माद्री ने अपने पुत्रों को कुंती को सौंप स्वयं सती हो गई। तत्पश्चात कुंती ने सारे बच्चों सहित हस्तिनापुर लौट जाने का निर्णय लिया, जहां कौरव या दुर्योधन उन्हें अपनाना नहीं चाहते थे। चूंकि धृतराष्ट्र के सौ पुत्र थे, वे कुरु वंशी कौरव के रूप में पहले से ही प्रतिष्ठित थे, इसीलिए लोगों ने पांडु पुत्रों को पांडव कहना शुरू कर दिया था और वे पांचों पांडु पुत्र पांडव कहे जाने लगे। इस तथ्य को मैंने अपने पिता से सुना था। मेरे पिता महाभारत के एक अच्छे जानकार थे, और वे स्वयं पूरे-पूरे महाभारत का पठन किया करते थे। मेरे अंदर महाभारत की कथा की शुरुवात मेरे पिता के द्वारा ही की गई है। यह मेरा सौभाग्य रहा है कि माँ रामायण और पिता महाभारत के प्रेमी रहे थे।

मेरी बातें

इस रचना को करने के पीछे मेरी मंशा महाभारत की कथाओं को लोगों तक पहुंचना तो है ही, मगर लगभग सारे ही लोग महाभारत से परिचित तो अवश्य हैं, और उस परिस्थिति में जब श्रद्धेय रमानंद सागर द्वारा एक बृहत महाभारत सीरियल के रूप में टी. वी. का एक महत्वपूर्ण सीरियल प्रसारित हो चुका है। इस सीरियल के द्वारा निश्चय ही समाज को जागरूक करने का एक बहुत बड़ा कदम उठाया गया है। सिर्फ आज के भारत के ही नहीं लगभग अनेकों देश के बच्चे इस सीरियल द्वारा महाभारत की कथा और उसके पात्रों से परिचित हैं, फिर मैंने उसी कथा की पुनरावृत्ति क्यों की? क्योंकि सीरियल के अंदर अनेक ऐसी कथाएं रही हैं, जिनका उस विषय-वस्तु के साथ औचित्य होते हुए भी फिल्माया जाना संभव नहीं हो पाया है। वह एक दृश्य कथा है, उसमें जीवन के हर सोच को प्रदर्शित करना मुश्किल होता है, पर लेखनी उन सारे पहलुओं को उजागर कर सकती है। साथ -ही-साथ कुछ ऐसे विषय भी बचे हुए हैं जो अब तक सर्व ग्राह्य नहीं हो पाये हैं। इस रचना का जैसा कि इसके शीर्षक से ही पता चलता है, इसकी रचना एक अलग सोच से प्रस्फुटित हुई है। एक खलनायक को नायक के रूप में प्रस्तुत करने के इरादे से ही इस तथ्य को स्वीकारा गया है। यह बिल्कुल सच है, यदि खलनायक न हो तो नायक की क्या पहचान होगी? बिना खलनायक के नायक का कुछ मूल्य नहीं। राम को रामत्व प्रदान करने के लिए हर युग में, हर काल में रावण को आना ही होगा। यदि रावण नहीं तो राम का धरती पर काम ही क्या? एक और सबसे महत्वपूर्ण कि मानव सृष्टि ही अच्छाई और बुराई के साथ हुई है। यहाँ राम, रावण या वासुदेव और दुर्योधन को किसी विशेष युगीन न मान कर हर युग के लिए

एकरस स्वीकारना चाहिए। हमारी तो सोच है, हर मानव में राम रावण या कंस कृष्ण का निवास होता है। हमारे संस्कार, हमारी सोच, हमारे आचार-विचार ही हमारा परिचय राम या रावण के रूप में करवाता है। इस रचना के माध्यम से मेरा एक खास उद्येश्य जनमानस को गीता के कर्म में विश्वास दिलवाना भी है। भले ही कृष्ण दुर्योधन से यह कहते पाए गए हैं—"तूने अपने सारे पापों को नियति के कर से धो डाला"। वहीं भगवान ने धृतराष्ट्र के अंधत्व की, गांधारी के मजबूरी की, भीष्म के प्रतिज्ञा की, अम्बा के तिरस्कार की या सत्यवती के अनैतिक वंश संचालन के निर्णय का, इन सभी का कारण कर्म और उनकी नियति को बताया है। सृष्टि में कभी भी कुछ नहीं होता जो पूर्व निश्चित नहीं होता। इस पर दुर्योधन ने प्रश्न किया है—"यदि सभी कुछ निश्चित ही था, तो मेरा ही कर्म क्यों अनिश्चित था"—इसी बात की पुष्टि इस रचना के द्वारा किया गया है। भले ही हम समझ पाए कि दुर्योधन का जीवन अनिश्चित था, परंतु भगवान को सब पता था। एक जगह श्री कृष्ण कहते हैं—

"सृष्टि में सबसे बड़ा धर्म है
सब छोड़ प्रभु में करना विश्वास
अन्यथा सारा जगत मिथ्या है
बस एक आडंबर और अहंकार"

इसके अतिरिक्त इस रचना में मैंने संभवतः भागवत महापुरण का जो प्रसंग है, 'परीक्षित की गर्भ में सुरक्षा' और 'श्री कृष्ण का महाप्रयाण' जो महाभारत से जुड़ा तो अवश्य है, की प्रस्तुति दो छोटी कविताओं के रूप में भी किया है। साथ ही इससे हट कर मैं ने एक और प्रसंग जगन्नाथ पूरी का शुरू किया था। मगर इन विषयों का कुछ ठोस और निर्णायक प्रसंग न मिल पाने से मैंने उसे वहीं पर बंद कर देना उचित समझा। जगन्नाथ पूरी की स्थापना की कथा बहुत विवादास्पद लग रही है, एक तरफ इसकी स्थापना का समय सतयुग को भी बताया जाता है, वहीं यदि श्री कृष्ण के दिल धड़कने के प्रसंग को लिया जाय तो सत्यापित करना मुश्किल हो

जाएगा। इस रचना के माध्यम से मेरा सिर्फ श्री कृष्ण के स्थायित्व की चर्चा करना ही उद्येश्य है। यह तो कहा जाता है की इस मंदिर का पुनर्निर्माण और उसके नये ढांचे को 1230 A.D. के समय उड़ीसा के राजा अनंतवर्मा के पुत्र अनंतभीम के द्वारा करवाया गया है। मगर यहाँ पर अब इन कथाओं का कोई औचित्य नहीं है।

प्रस्तुत पुस्तक 'वासुदेव दुर्योधन संवाद' के संबंध में अपने से अपनों की बातें

विगत कुछ वर्षों में श्रीमती रूपा दास जी ने जैसे अध्यात्मिक जगत की सघन यात्रा कर अपनी भावनाएं साहित्यिक जगत को दिया। अंगिका रामायण, नारायणम्, एक मुट्ठी शब्द जैसी अनुमप, सारगर्भित रचनाओं के संसार में "वासुदेव दुर्योधन् संवाद" का आना सुखद अनुभूति। अमूमन महाभारत की कथा है तो वासुदेव अर्जुन, वासुदेव कर्ण, वासुदेव भीष्म संवाद की ओर ही हमारा ध्यान जाता है। परंतु दुर्योधन के मिजाज और तेवर को देखते हुए उसके साथ कृष्ण की संवाद जैसी बातें जेहन में नहीं आती। परंतु कवयित्री की चिंतन धारा ने इस सोच को विराट फलक दे दिया और इसी का परिणाम है इन दोनों के बीच का संवाद, जो शायद हमें यह सोचने को विवश कर देता है कि हमारी सोच उन अनछुवे पहलू को भी समझे, देखे, जाने। ये पंक्तियाँ प्रस्तुत खंड काव्य की बातें कह जाती हैं—

मैं जनता हूँ, सब तू ही करता है
तूने ही यह महाभारत रचा है
अर्जुन को नायक, मुझे तूने
जग में खल नायक बनाया है
पर तू कर भी क्या सकता है
यदि यही मेरी नियति है ।

श्रीमती रूपा दास जी लिखती रही हैं। परंतु इन कुछ दिनों में जैसे साधना से निकल कर गूढ विषय को भी सहज ढंग से प्रस्तुत कर जाती हैं कि

पाठक सहज ही उस आनंद प्रवाह में डूबता चला जाता है और मोती चुन कर आता है बाहर। सरल, सहज, सरस, साथ ही विषय उतना ही महत्वपूर्ण होता है, उनकी रचनाओं का। वैसे तो भीम और दुर्योधन के गदा-युद्ध के बाद टूटी हुई जंघा से पीड़ित दुर्योधन अपना अंत देख कर श्री कृष्ण से संवाद करता है, उसी विषय को सामने लाने का यह एक सफल प्रयास है। अंत समय में सारे जीवन का आकलन निचोड़, निकाल, दुर्योधन मन की व्यथा, आक्रोश, जीवन की सत्यता, सब कृष्ण को कहे जाते हैं, जिससे यह संवाद अति महत्वपूर्ण हो जाता है। रणभूमि में जीवन की व्याख्या श्री कृष्ण ने की और यह मानवता के वरदान स्वरूप 'गीता' दे गया। यहाँ, श्रीमती रूपा दास की सोच, यह कहावत चरितार्थ करती है 'जहां न जाए रवि, वहाँ जाए कवि'। मानव रूप में जो जीवन देखा, भोगा, समझा वह सब दुर्योधन के माध्यम से सामने लाने का प्रयास किया। जीवन के झंझावात से आमजन लड़ते, जूझते थक कर जो जेहन में आता है उसे प्रभु को समर्पित कर प्रयाण का प्रयास करता है, यही आमजन के जीवन को देखने का प्रयास है। यह एक 'खंड -काव्य' के रूप में लगभग दो सौ पन्ने में प्रस्तुति हमें इसी प्रसंग तक सीमित नहीं रखता है, वरन गंगा, सत्यवती, द्रौपदी, धृतराष्ट्र इत्यादि के पूर्व जन्म की कथा, श्राप, गांधारी के आँख होते भी जीवन भर कभी अपने सौ पुत्रों का मुख नहीं देख पाना, वसुओं की मुक्ति के पश्चात भीष्म पितामह का धरती पर निर्लिप्त जीवन की वजह, आदि प्रसंगों को हमारे सामने लाकर जैसे पूरे जीवन-चक्र की हर दिशा से हमें परिचित करा जाता है। जैसे मानो यह एक अलग ही रचना हो अलग ही सोच हो।

सही कहा जाय तो जीवन -दर्शन जो गीता के अठारहों अध्यायों के माध्यम से हमारे सामने है, उसे समाहित कर जीवन के गहन सत्य और दुर्योधन द्वारा जीये हुए जीवन से निकले सत्य का तादात्म्य देखने, समझने का अवसर हमें इस पुस्तक के माध्यम से मिल पाएगा। भूतकाल की घटनाएं और वर्तमान जीवन से उसका समन्वय को समझने का यह माध्यम है।

इसके साथ-ही-साथ इसमें "परीक्षित की गर्भ में रक्षा" और "श्री कृष्ण का महाप्रायण" जैसी दो और कविताओं को देखने का अवसर भी यहाँ मिला है, जिसकी इस रूप में और कहीं प्रस्तुति कम हो पाया है। यह खंड-काव्य ना केवल हमें आनंद धारा में ले जाने में सफल है, बल्कि हमें गीता में वर्णित जीवन दर्शन के साथ मानवीय जीवन में घटित तमाम पहलुओं को समझा पाने में भी सक्षम है।

वस्तुतः इस काव्य के रूप में एक अनुपम रचना हिंदी साहित्य जगत को मिला है। 'जिन ढूँढ़ा तिन पाइयाँ', बस हमें इसमें डूबकर मोती ले आना है।

श्रीमती रूपा दास जी की सतत साधना उनकी रचनाओं के माध्यम से परिभाषित होते रहे हैं और हम पाठक इससे लाभान्वित भी हो रहे हैं।

शुभकामनाएं, आदरणीया कवयित्री जी को। आशा और विश्वास है, तमाम अपनों से, जो इस आनंद प्रवाह का हिस्सा बन प्रस्तुत रचना से अपनी ज्ञान पिपासा को तृप्त करेंगे।

सादर धन्यवाद।

निहार रंजन

भुड़िया, भागलपुर, बिहार

वर्तमान – दिल्ली,

मो – 91 9968062186

niharse@gmail.com।

वासुदेव दुर्योधन संवाद से गुजरते हुए

संवेदनाओं की समर्थ हस्ताक्षर स्वयं श्री रूपाजी की इस कृति से गुजरते हुए मुझे सहज ही स्मरण हो आया इनकी पूर्ववर्ती प्रस्तुति "एक मुट्ठी शब्द" की, जिसकी कहानियों के पात्रों का सम्यक निरूपण एवं संवादों की बानगी तथा दूसरे खंड की कविताई में संवेदनाओं के आप्लवन का सधा सुर अप्रतिम लगा मुझे। इस ताजा प्रस्तुति में इनका साधक और मुखरित होने में सफल रहा है।

एक संवाद के बहाने पूर्व की उपकथाओं एवं महाभारत के विविध प्रसंगों को एक साथ लपेटते समेटते हुए ये सकुशल बाहर आने में सफल रही हैं। यह कहने में मुझे कोई संकोच नहीं कि प्रस्तुति में इनका कथक्कड़पन एवं कवित्व के संचारी भावों का सलोना उन्मीलन है, यह कृति।

मुख्य कथा के साथ अनेक उप कथाओं को साथ लिए बहती हुई इस काव्य धारा को 'खंड -काव्य' कहना ही अति उचित होगा; जिसका रोमांचक पक्ष है कवयित्री द्वारा कल्पना की उड़ान का पारसत्व भाव; जो दुर्योधन जैसे भ्रष्ट चरित्र को सोना-सोना कर जाने को अधीर हो उठा है, क्योंकि इसके पहले अभी तक में कहीं दुर्योधन के ऐसे भाव नहीं दिखे हैं। जैसे—उसके नए आवरण में कसने को कहे गए वाक्य—उसके हृदय में भी अपने पूर्वजों द्वारा किये गए अनाचार की व्यथा है। इसकी पुष्टि में वे श्री कृष्ण से भी कहलवा गई हैं, हे कुरुराज / जो मौत तुम्हें तुझे मिल रही है / वह युधिष्ठिर अर्जुन भी न पायेंगे। साहित्य में शील निरूपण का यह उपक्रम नया नहीं है। इतिहास में कभी श्री महावीर प्रसाद द्विवेदी जी की "उर्मिला विषयक उदासीनता" निबंध ने भी हलचल मचाई थी। फलस्वरूप

उपेक्षिता उर्मिला पर साहित्य लिखने वाले गुलों की बाढ़ सी हो आई। हो सकता है, कभी किसी द्विवेदी जी का दिल इस पात्र के लिए भी धडक उठे, जिसका आगाज रूपाजी ने कर दिया है।

कहते हैं, इतिहास घटनाओं को दोहराता है। रुपाजी की गागर में संभावनाओं का सागर है, ' वासुदेव दुर्योधन संवाद'। किसी भी कविता की भाषाई पांडित्य से अधिक महत्वपूर्ण होता है संवेदनाओं की थपकियाँ ही। यहाँ तो दोनों है। रुपाजी को शुभकामनाओं सहित मुझे कहना है कि सुधि पाठकों के लिए बहुत कुछ है।

श्री शंकर दास, संरक्षक,

जिला हिंदी साहित्य सम्मेलन बांका

अविनाश प्लेस, सरकारी बस स्टैंड

भागलपुर रोड, बांका। बिहार।

पिन – 1813102

मो – 7667361713

ईमेल – shankardasbanka@gmail.com

विदुषी श्रीमती कुमारी रुपाजी की रचनाधर्मिता - एक प्रसंशात्मक मूल्यांकन

महाभारत के प्रसंगों को साहित्यिक भाव-भूमि पर पुनर्संयोजित करने की विशिष्ट क्षमता विदुषी कुमारी रूपा जी की रचनाओं को अत्यंत प्रभावशाली बनाती है। उनके लेखन में न केवल घटनाओं की पुनर्कथनात्मक प्रभावमयता है, बल्कि उन प्रसंगों में निहित दार्शनिक गूढ़ता भी अत्यंत सुंदरता के साथ उद्‌घाटित होती है।

विशेषतः "वासुदेव दुर्योधन संवाद" पर आधारित उनकी रचना में धर्म, अहंकार, और कर्म-सिद्धांत के शाश्वत स्वरूप का अत्यंत संतुलित चित्रण प्राप्त होता है। कवयित्री दुर्योधन के अंतर्मन की प्रतिक्रिया, उसके अहं भाव का क्षय तथा कृष्ण के प्रति उसकी भावाणुगत स्वीकृति को बड़ी सूक्ष्मता से प्रस्तुत करती हैं। रचना के वे भावपूर्ण अंतिम स्वर अत्यंत मार्मिक हैं—

तेरे कंधे पर सिर अब रखता हूँ
तेरी मैत्री कृपा स्वीकारता हूँ
तेरे हाथों में हाथ डाल
इस जग से जाना चाहता हूँ ।

अथवा

मुझे तो ज्ञात ही था सब नष्ट होगा
तेरे संग वैर में भी भक्ति दो ।

इन पंक्तियों से स्पष्ट होता है कि दुर्योधन की वास्तविक विजय राज सत्ता नहीं बल्कि श्री कृष्ण की आत्मीय प्राप्ति में निहित है। कवयित्री की यह धारणा उनकी लेखन की अध्यात्मिक दृष्टि और वैचारिक परिपक्वता का प्रमाण है।

कृति में संलग्न महत्वपूर्ण आकर्षण—

'राजा परीक्षित की गर्भ में रक्षा'; 'कुंती स्तुति'; या 'श्री कृष्ण का महाप्रयाण' ये सभी महाभारत के खास अंग होने पर भी विशेष रूप से प्रचलित नहीं हो पाए हैं, जिस तरफ कवयित्री का ध्यान सहज ही आकर्षित हो पाया है। ये सभी निश्चित रूप से भागवत महापुरण जैसे महाकाव्य के विषय होकर भी यहाँ के प्रसंग में एकदम सटीक सोच को दर्शा पाना रूपाजी के लिए कुछ मुश्किल काम नहीं है, इसका परिचय वे समय-समय पर अपनी रचना के माध्यम से देती रही हैं। कुंती के अंतर्मन से उपजे श्रद्धा, करुणा और कृतज्ञ भाव का संक्षिप्त किन्तु प्रभाव पूर्ण प्रस्तुति करण हो पाया है। इसी प्रकार 'राजा परीक्षित की गर्भ में रक्षा' करके श्री कृष्ण ने पांडव वंश को पुनर्जीवित कर दिया है। श्री कृष्ण के महाप्रयाण के अंदर यदुवंश के संहार और द्वापर में मिले राम द्वारा बालि के वरदान का वर्णन किया गया है, जो अपने आप में ही विशिष्ट है। यह रचना पुस्तक का अध्यात्मिक शिखर माना जा सकता है। विदुषी कुमारी रूपा जी की समस्त रचनाएं बस पौराणिक प्रसंगों की पुनर्रचना मात्र न होकर धर्म, मनोविज्ञान, और अध्यात्मिक चेतना का समग्र समन्वय रहा है। यह रचना पाठकों को न केवल महाभारत की गहराइयों से परिचित कराती है, बल्कि जीवन मूल्यों के प्रति पुनः संवेदनशील भी बनाती है। श्री कृषण-महाप्रयान के क्षणों को जिस भाव दर्शिता से प्रस्तुत किया गया है, वह पाठक के मन में दीर्घकालीन प्रभाव छोड़ने में समर्थ है। साथ ही अंत में श्री कृष्ण की आज तक विद्यमानता, जगन्नाथ पूरी के वर्णन द्वारा इस रचना को ही नहीं, श्री कृष्ण को भी पूर्णरजीवित महसूस कराने का एक प्रयास है। उनकी कृति निश्चय ही समकालीन साहित्य की श्रेणी में समादृत होने के योग्य है। उनको

इस कृति के द्वारा साहित्य जगत के इस परिपक्व कृति के लिए अनेकानेक धन्यवाद। यह अब सारे साहित्य प्रेमियों के हाथों में शीघ्र होगी।

नवीन कुमार मित्रा

X-1101 Oxy Homez Society Gagan

Vihar, Ghaziabad (U. P.)

Pin – 201005

Mob. 9911813543

Email – trivenimediways@gmail.com

रामम् स्तुति

हे राम अगर मैं लिख पाती
तेरी कथा जुवानी
कौन से नाम की कथा लिखूँ
तेरी तो हजार कहानी।
क्या तुम राजा दशरथ सुत
जिनका नाम भजे जन-जन
क्या तुम मुनियों के अंतर्ज्ञान
जो मुनि संतों के संवर्धन।
कौशल्या नंदन बाल निकंदन
चार अंश में जो सुख रंजन
या तुम कोई ब्रह्म रूपमय
अखंड विश्व रमे कण कण।
जिनके चरण पखार गुह ने
परिवार सहित चरणामृत पीया
चरणामृत पी कर निषाद ने
सकुल जीवन मझधार पार किया।
राम नाम सुमिरन कर प्राणी
भाव सागर पार कर जाते हैं
वही प्रभु केवट निषाद से
गंगा पार कराने कहते हैं।

नल-नील को सेतु बनाते
एक गिलहरी बैठी देख रही
मैं भी कुछ मदद कर पाऊँ
हृदय में बैठी सोच रही ।
कुछ न समझ कर गिलहरी
समुद्र में नहा, बालू पर लेट गई
और तन पर लिपटे बालू
पत्थर नीचे झाड़ रही ।
गिलहरी का अद्‌त समर्पण
देख, प्रभु राम हो गए विह्वल
कर में उसे उठा कर प्रभु ने
दिव्य लोक भेजा उसी पल।
हे राम कहो, तुझे कैसे पुकारूँ,
सीतापति या लक्ष्मण प्राणाधार
जिस राम नाम में मगन रहते
काकभुसुंडी और पवन कुमार ।
विदेह राज की सकार भक्ति या
कौशलेन्द्र की सीढ़ी स्वर्गारोहण
कहीं तुम वही तो नहीं जो
भक्त भरत उर के चंदन ।
माता कैकेयी के सर्वप्रिय तुम
फिर भी तुझको दी वनवास
गुरु वशिष्ट के गुरूर तुम ही
तुम्हीं कौशिक यज्ञ के तारणहार ।
क्या हे राम तुम तड़का हंता

या उद्धारक खर दूषण
मारीच के छल पहचान भी
दौड़ पड़े कर धनुष संसाधन।
शूर्पनखा की नाक कटवा कर
बढ़ाई रावण दिल की धड़कन
और तात जटायु को वर मोक्ष
न दे, दे दी निज नाम सुमिरन।
हे राम कहो कैसे रच पाऊँ
तेरी कीर्ति तो जटिल विलक्षण
किन कलमों से लिखूँ नाम तेरा
लेखनी मुड़-मुड़ देखे क्षण-क्षण।
अंगद को गोद में स्वीकार कर
तुमने बालि को कर दिया निहाल
उसी अंगद ने दे डाली चुनौती
रावण को, सभा में पैर गाड़।
तुम तो शिव के मानस हंसा
गणपती राम नाम की करे प्रसंशा
ब्रह्मा के जब तुम्हीं ब्रम्ह हो
सृष्टि का सृजन तुम्हीं से भरा।
तुम गौ, विप्र, देव, संत हितकारी
तेरा नाम भव सागर तोरण
फिर तुमने क्यों खाये प्रभु,
निकृष्ट शबरी के बेर जूठन।
बालि वध कर सुग्रीव को अभय दी
मित्रता की उसके संग जोड़ी बंधन

रावण मर्दन कर बनाया राजा
जो आया शरणागत विभीषण ।
तुमने गर्भवती सीता को त्यागा
करने राज - काज का संचालन
और कृष्ण रूप लेकर आए करने
गोपियों संग क्रीड़ा व्रज कानन ।
कभी वराह, कभी कच्छप बनते
पृथ्वी का करने उद्धारण
अगस्त मुनि के हृदय में रम गए
किया विदुर घर साग भक्षण।
हे राम बता तुम कौन हो
जिस रूप करूँ नित तेरा भजन
युग-युग जन्म-मरण चलता है
मगर तेरा न हो पाया चयन ।
मेरी लेखनी मौन बैठी है
क्या कह उसे समझ पाऊँ
कौन से राम तुम मेरे अपने हो
कहो कैसे उसे बता पाऊँ ?

क्या कहूँ हे राम

क्या कहूँ कैसे कहूँ हे राम
हे जग नायक तुझे प्रणाम ।
नाम तेरे तो हैं अनेक
फिर मुझमें तुम में क्या भेद ?
सब जग घुमा, सब घट देखा
तुझ सा न कोई और मिला
जो बस मेरा -ही- मेरा हो
दूजा न कोई मीत मिला ।
तूने दिया मुझे धन-दौलत
तेरा दिया हुआ जीवन
घर संसार कुटुंब तेरा
तुझसे पूर्ण हुआ तन-मन ।
फिर भी कहते हैं, मेरा,मेरा
पर किसी पर भी जोर नहीं
एक सांस खुद पा न सका
फिर भी सोचूँ, मैं ही, मैं ही ।
मेरा क्या अस्तित्व भला
हे माधव, राम, घनश्याम कहो,
क्या मैं यह शरीर ही हूँ
तो, जन को तेरा क्या काम अहो ?

हे कृष्ण, कन्हैया कहते रहता
पर मन में सदा तो जग रहता
फिर राम कहूँ या राधेश्याम
मुझको उसका क्या फल मिलता ?
हे जग में पल-पल के नायक
तुझे कौन जान पाए अब तक
तू मुझपर कुछ कृपा करो तो
समझ सकूँ जीवन का सच |
हे प्रभु जब तू होता अपना
यह जग लगता है सपना
तेरे बिन इक सांस न मेरा
फिर धन जग पर क्या इतराना ?

तुझको तो सब है ही पता

मैं क्षिति पट पर लिख पाती जो
अपने हृदय की यह तड़पन
विस्तारित शून्य सुन पाता
क्या इस दिल की हर धड़कन ?

ही असीम मेरा तन मन बोलो
दग्ध हो रहा क्या यूं ही ?
देखो कितनी व्यथा भरी है
भटकती हर आहट फिर भी ।

इस विशाल प्रांगण का क्या करना
जब सारे घुंघरू ही टूट चुके
हे प्रारब्ध अब तू ही बता
क्या तेरे सारे वादे निकले झूठे ?

यह अखंड ज्योति क्यों जलती
जब मन को अंधकार लील रहा
कोई तो युक्ति हो ऐसी
जो स्तंभ सा मिले खड़ा ।

सृष्टि स्वयं प्रश्न कर रही
ओ दिगंत अब मत बहला
हल खोज थक कर बैठा क्यों
प्रत्युत्तर तो जरा बता ।

इस विशाल शून्य का साक्षी
शून्य को शून्य ही पकड़ रहा
चिर निन्द्रित उद्वेलित आँखों को
कैसे तू झपका पाता ?

कहाँ कौन खो जाता कब है
किन राहो पर बढ़ निकला
इधर उधर बड़ा दिग्भ्रमित हूँ
तुझको तो सब है ही पता ।

वासुदेव दुर्योधन संवाद

नारायणं नमस्कृत्यं नरं चैव नरोत्तमं
देवीं सरस्वती व्यासो ततो जय मुदरियेत ॥

हाँ बांध, बांध
तू बांध बांध,
हे दुर्योधन, तू
मुझे बांध,
क्या इतना
सीकड़ पाएगा,
जिसमें यह
विश्व समाएगा ?

ऐसा कह, मैंने
तुझको चेताया था,
तुझे अपना विश्व रूप
दिखलाया था
तू तो सदा शकुनि
शागिर्द, तुझे
कहाँ कुछ अन्य राह
दिख पाया था ।

तुझ पर तो पाप
का भार बड़ा,

तू तो अहंकार में
था डूब रहा
भीष्म,विदुर,कर्ण
ने जो था समझाया
तुझे कहाँ कुछ
समझ आया,
तूने तो सब अपने
अहंकार में उदय दिया ।

देख, नरक का
द्वार खोल
रे नर पिशाच,
तू सोच, सोच,
अब टूटा है
तेरा पाप कहर
तू क्या बच
पाया जरा बोल ।

न सैंकड़ों कौरव
हैं अब साथ,
न थामता कर्ण
मित्र है हाथ,
जिनके बल से
था डोल रहा
शकुनि मामा
को तौल रहा ।

धृतराष्ट्र पुत्र तू
बन बैठा कराल,
तुझे किसी का
क्या हो मलाल,
जब पांचाली
दहाड़ पड़ी
दौड़ा वायु पुत्र
ले गदा हाथ

कहाँ छल बल
तेरा चल पाया,
पांडु पुत्रों को तू
न मार सका,
समुद्र सा उछला
तेरा पाप
सब डूब गए अब
अपने आप।

कुंती ने गांधारी
को दिया श्राप,
सौ पुत्रों की माता
करती विलाप,
कहीं कुछ नजर
नहीं आता,
जन जन में भरा
हुवा संताप।

कुरुक्षेत्र का हिरदय
डोल रहा,
जग में सन्नाटा
पसर गया,
अश्वत्थामा का
मणि छीन,
गुरु पुत्र को कर दिया
गया मलीन ।

न द्रोण ही धनुष
उठा पाए,
भीष्म के बाण
बस थर्राए,
तेरी यह मरघट
सेना देखो
सब यहाँ- वहाँ
हैं छितराए ।

सप्त महारथियों
ने मिलकर तो,
बालक अभिमन्यु
को मारा,
मगर अर्जुन के
प्रण से सोचो,
जयदर्थ को कौन
बचा पाया ?

जब धनंजय का
धनुष टँकार उठा,
हर दिशा दिशा
थर्राने लगा,
भीम ने कुरुक्षेत्र
की धरती पर,
दुःशासन की छाती
फाड़ दिया।

उसके गरम लहू
को पीने पर,
भीम की क्रोधाग्नि
शांत हुयी,
द्रौपदी की सूनी
मांगों में
दुःशासन की
लहुयें भरी गयी ।

शापित कर्ण के
रथ का पहिया,
जब धरती में
धंसता ही गया,
अर्जुन के तीखे
बाणों से बोलो
क्या उसे तू वहाँ
बचा पाया ?

दुर्योधन ने तब
हंस के कहा,
जा, जा, माधव,
न भय दिखला,
मैं जानता हूँ,
सब तूने किया,
तूने ही यह
महाभारत है रचा ।

अर्जुन को नायक,
मुझे तूने
जग में खलनायक
बना डाला,
पर तू कर भी
क्या सकता था,
यदि यही लिखा
मेरी नियति में था।

नियति पर जोर
कब चलता है,
चाहे वह पंडित हो
या ज्ञानी हो,
या सब कुछ तुच्छ
समझने वाला
कोई कर्ण वीर सा
दानी हो।

सभी नियति के
बस होकर
अपने-अपने कर्म
करते रहते हैं,
किसी का जोर कहाँ
कुछ चलता है
बस सब यूं ही नृत्य
दिखाते रहते हैं ।

हे कृष्ण,
तुम कौन हो
मैं जानता हूँ,
तुम भी मुझको
पहचानते हो,
मैं तो नियति
के साथ सदा
मेरा औचित्य से
भला क्या रिश्ता ?

मैंने अपना अभिनय
सदा निभाया है,
सत - संगति को
दूर ही रक्खा है,
हे वासुदेव, जरा कहो,
मैंने अपने किसी भी
कर्मों की, कभी, क्या
अवहेलना की है ?

जब कुंती गयी थी
कर्ण के पास,
क्या वह कर्ण को
पुत्र बना पाई
कभी छह पुत्रों की
माता क्या,
पृथा जगत में
कहला पाई ?

उसकी नियति तो
थी बस इतना,
पाँच पुत्रों की
माता कहलाना,
चाहे कर्ण मिले
या अर्जुन, फिर
छह की कामना
क्यों करना ?

मेरा समूल तो नष्ट
हुआ, पर कहो,
युधिष्ठिर के गृह
कौन बचा,
बचे तो बस पांचों
पांडव ही, पर
पांडु -वंश को आगे
कौन बढ़ाएगा ?

पांचाली के पांचों
पुत्रों का वध,
वीर अश्वत्थामा ने
कर ही डाला,
तेरे हाथों खुद हुवा
बर्बरीक का वध
घटोत्कच को कर्ण ने
संहार दिया।

अर्जुन पुत्र वब्रूवाहन
को छोड़कर
सारे ही कुरुक्षेत्र भूमि
पर मारे गये
वीर अभिमन्यु वध
की गाथा तो
हर युग के लिए
अमर ही हुए।

जिसके मामा थे
स्वयं श्री कृष्ण
पिता धनुर्धर थे
अर्जुन वीर,
सप्त महारथियों
से घिर कर उसने
अनाथ जैसे क्यों
त्यागे शरीर।

हे कृष्ण तुम तो
भगवान ही हो
काल की हर
गति जानते हो
फिर भी घनघोर
अस्त्रों की वर्षा हुई
अन्याय और अनीति
की समर ठनी।

हे कृष्ण, कहाँ
चले गए थे तभी,
अभिमन्यु के लिए
क्यों नहीं सोचा,
क्यों उस वीर
बालक को, भीम जैसे
हिजड़े के हवाले
कर के रक्खा।

क्या इस बात का
तुझको ज्ञान न था
अभिमन्यु की विपत्ति
का भान न था
जब नारायणी
सेना के बहाने
अर्जुन को भी युद्ध
भूमि से दूर किया।

जा जा कृष्ण,
मैं, तुझको जानूँ,
तुझ सा छली न
और को मानूँ
तुझको हर कदम
करना प्रपंच,
तो अर्जुन का क्या
दिखलाते भ्रम ?

कृष्ण ने कहा,
सुन हे दुर्योधन,
अभिमन्यु तो था
स्वयं चंद्रमा अंश
चौदह वर्ष तक के
लिए ही उसको,
धरती पर भेजा था
चंद्रमा ने स्वयं।

उससे ज्यादा वह
रह नहीं पाता
उसे धरती को छोड़
जाना ही पड़ता,
अन्यथा चंद्रमा के
कुपित होने से
सौर- मण्डल में तो
प्रलय मच जाता।

चंद्रमा को पृथ्वी पर
आने का था श्राप
सुभद्रा को चंद्र- पुत्र
का था वरदान
दोनों के वरदान,श्राप
तो पूरे होने थे
इसमें किसी और के
कुछ थे कहाँ ज्ञान ।

चंद्रमा को धरती पर
आना था
एक नया इतिहास
लिखना था
महाभारत की कथा
बढ़ाना था
कृष्ण भी कर्म नियति
से बंधे होते
दुनिया को यही
बताना था ।

दुर्योधन बोला, आपने
कुंती को था वचन दिया
युधिष्ठिर को
कभी न छोड़ूँगा
आपका बल ही
पांडव का बल है

हे नटवर, तुझे
कौन समझाएगा ?

तू तो अर्जुन का
सखा बना,
पर कर्ण भी तो
था तेरा ही भक्त,
कर्ण था मित्र मेरा,
इसीसे क्या तूने
किया अर्जुन की
सद्य मदद?

तुझको सदा कर्ण
का भय था
अर्जुन उसको
जीत नहीं पाता
तभी तू अर्जुन के
रह साथ सदा
कर्ण की भक्ति को
छलता ही रहा ।

कभी उसके ब्रह्मास्त्र
को लिया मांग,
कभी उसके कवच कुंडल
को उतार लिए,
कभी कुंती को भेज
सच्चाई बता,

उसके मन को तूने
कमजोर किये ।

तेरे बिन अर्जुन का
धर्म भी कहो
क्या कर्ण का कुछ
बिगाड़ पाता,
कर्ण ने धर्म को
कभी नहीं त्यागा
अर्जुन से कर्ण का
पलड़ा भारी था।

तू भी माधव यह
समझता है,
इस सच्चाई को
जानता है,
युद्ध में उसकी
बे वश हत्या का,
जिम्मेदार स्वयं को
मानता है।

क्या तुम जानते हो,
इस बात को मानते हो
अज्ञातवास के
दिनों में, जयद्रथ ने
द्रौपदी को लिया था पकड़
मगर कर्ण मित्र होकर मेरा

फिर भी द्रौपदी को
दिया था जाने निकल।

अर्जुन को वापस
वन भेज दिया
बस दे करके
एक ललकार,
उस दिन यदि
कर्ण नहीं आते
हम पांडव को पुनः
दे देते वनवास।

युद्ध भूमि में कर्ण,
युधिष्ठिर को
कितनी बार पकड़
छोड़ देता था,
एक अर्जुन को छोड़
कभी अन्य पांडव
को उसने अपना
लक्ष्य नहीं बनाया था।

यह कैसा न्याय था
हे माधव,
कर्ण को मेरा था
कुछ नहीं भय,
वह सदा धर्म को ही
था चुनता

उसके मन में जो
तू था रमता।

हे कृष्ण, यदि
तुम सबको
विध्वंस से बचाना
चाहते थे
सच में इस धरती
का नाश नहीं
इस युद्ध को
रोकना चाहते थे।

तो अर्जुन के रथ के
सारथी नहीं,
तुम मेरे सेनापति
बन जाते,
तब निश्चय ही
आप धरती के
रक्षक, भगवान भी
कहला पाते।

फिर पाँच ग्राम को
कौन कहे,
पांडव को मैं पूरी
हस्तिनापुरी लौटा देता,
मगर तू तो अपने
समधी से ज्यादा

कीमत, सदा पांडव
को ही देते आया।

हे कृष्ण अर्जुन को यदि
तेरी संगत न मिलता
फिर उसके सुयश का
क्या होता
एकाकी अर्जुन कर्ण
के हाथों का
खिलौना भर बनकर
रह जाता।

न भीष्म ने ही
तुझको पाया,
न कर्ण का रहा तुझे
कुछ खयाल,
मैं तो जो था
कौरव ही था,
शकुनी मामा से
तू हुआ बेहाल।

मैं राजा था, मैं
महाबली था,
मैं हर संपदा से
सज्जित था,
फिर भी यज्ञसेनी
हंस ही पड़ी थी,

क्या मैं आँखों का
अंधा था ?

हे कृष्ण यह
महाभारत तुझे छोड़,
किसी और ने
है नहीं रचा,
यहाँ सब अपने-अपने
कर्मों का
एक मोल बस
हैं रहे चुका।

इस महाभारत
की रचना में,
ज्ञानी बर्बरीक की
दृष्टि में,
तेरे बिन कहीं कुछ भी
नहीं हुवा
हे माधव, इस पूरी
सृष्टि में।

मैं अभिमानी
सामर्थ्यशाली पर तेरे
कर में था
अर्जुन का हाथ,
और कहाँ कुछ
दिख पाता है,

कर देखो दिगंत
पर दृष्टिपात।

तभी कृष्ण ने
हंसते हुए,
कहा, यूं
दुर्योधन से—
क्या तूने अपने
सारे पापों को,
धो डाला नियति
के कर से ?

भीम को जहर दे
नदी में फेंका
लाक्षा गृह में पांडव
को जला दिया,
कपट ध्युत के
बल पर तूने,
पूरे हस्तिनापुर को
हड़प लिया।

रजस्वला कुल वधू
का तूने
भरी सभा में वस्त्र
हरण किया
हे दुर्योधन, क्या
इन पापों को तू,

तेरी नियति
समझता है ?

नियति पापाचार
कभी नहीं होती,
नियति यह भी कभी
नहीं कहती,
कि तुम इतना
निर्लज्ज बन जाओ,
अपने ही पापों से
कभी नहीं उबर पाओ ।

गुरु द्रोण, तात भीष्म,
विदुर काका
और जो जितने बुजुर्ग थे
धृतराष्ट्र राजा
उन सबने यह महापाप
कैसे झेला होगा
क्या तुमने कभी
उनसे था पूछा ?

नियति तो समझो भीष्म
पितामह की थी
जो उन्हौंने व्रत ले
रक्खा था
नहीं तो सच जान पूरे
हस्तिनापुरी का,

उसी क्षण विध्वंस
निश्चित था।

नियति से तो बंधे
थे विदुरजी
जिन्हौंने कभी नहीं
मुंह खोला,
त्रिकालज्ञ दर्शी,
ज्ञानी, थे वे, फिर भी,
तुमने उनको कभी
कुछ नहीं समझा।

हे दुर्योधन,
जब जंगल-जंगल
प्रवास में भटक
रहे थे पांडव
कुंती, युधिष्ठिर, के
संयम कारण ही,
भीम, अर्जुन रख
पाए थे संयत।

नियति ही थी जो,
क्षुधित ऋषि
दुर्वासा को, तूने
शिष्यों संग
पांडव की कुटिया में
था भेज दिया, और

उन्होंने उनसे था
भोजन की मांग किया

तूने सोचा था, तब तक
में पांचाली स्वयं
भोजन कर लेती थी,
और उसका मां
अन्नपूर्णा का पात्र
उसके भोजन के बाद
खाली हो जाया
करती थी ।

तेरी मनसा थी
क्षुधित ऋषि
पांडव को श्राप दे
भष्म कर देंगे,
तुझे कहाँ पता था
ऋषि पांडव को,
'विजयी भव' का
आशीर्वाद दे देंगे ।

रे अभागा, नियति
वह होती है,
जो कर्मों को और
निखार देती है
न कि अहंकारवश
प्राणी को,

और पापों में
ढकेल देती है।

नियति वह थी,
जो माता
सत्यवती ने
किया था,
नियति ही थी
जिससे, इस
कुरु कुल का
वंश चला था।

तभी हंसकर
दुर्योधन बोला,
यह भी नियति
थी केशव कि
अंधे धृतराष्ट्र,
कुबड़े पांडु, दासी
पुत्र विदुर का
जन्म हुआ था।

दुर्योधन बोला, पांडव तो
उसी दिन ऋषि कोप से
भस्म हो जाते,
उनका धर्म, या धर्मराज भी,
उन्हें बचा नहीं पाते,
मगर तूने होने कहाँ दिया,

तुझे तो बस छल ही छल
करना रहा सदा ।

क्या तुम यह सोच खुश
होते हो माधव,
भगवान सदा धर्म पर ही
कृपा करते हैं
यदि भगवान ही सब कुछ
करते है फिर
अर्जुन को गीता कहने के
कारण क्या हैं ?

यह कैसा धर्म था
केशव, कि
अपनी ही विधवा
कुल वधु को,
माता ने भेज दिया
किसी और के पास,
अपने कुल वंश
बढ़ाने को ?

क्या कोई विधवा
स्त्री मन से,
किसी अन्य पुरुष को,
स्वीकार पाती है,
यदि हाँ, तो इस
सृष्टि में फिर

सतीत्व का मोल
कहो क्या है, ?

तभी कृष्ण ने कहा
यों दुर्योधन से,
जो मैंने अर्जुन से कहे
वही, यहाँ कहता हूँ तुझसे,
गीता तो बस कर्म है,
कोई आडंबर नहीं
अठारहों अध्यायों में मैंने
अर्जुन से तो कहे वही।

जीवन के भाव ही हैं
गीता के सारे ज्ञान
जीवन कोई समस्या नहीं
इसी बात को पहले जान
दूसरे में, उचित ज्ञान ही
है सभी बातों का समाधान
निःस्वार्थ प्रगति मार्ग ही,
है इसकी तीसरी पहचान।

चौथी बात, हर कर्म को
पूजा मान कर करो
पांचवें में, आनंद को सदा
अहंकार त्याग कर ही पाओ,
छठी बात, सदा उच्च
चेतना से जुड़े रहो,

सातवां सीख, जो सीखा उसे,
जीवन में उतार पाओ ।

खुद हार कभी न मानो का
ज्ञान आठवाँ है बड़ा,
आशीर्वादों का अर्थ समझो
नौवां उपदेश बताता सदा,
सर्वत्र ईश्वर विद्यमान है
दसवें अध्याय में कहा गया
ग्यारहवें में, सत्य जैसा है,
वैसा ही रहे सदा ।

बारह परमात्मा में
मन को लगाओ
तेरहवाँ ज्ञान कहता
दिव्यता से जुड़े रहो,
चौदह, जीवन शैली को सदा
अपनी दृष्टि में रक्खो,
और पंद्रहवें में कहा, ईश्वर को
सदा सर्वोच्च मानो।

सोलह ज्ञान यही दुर्योधन
अपने आप को स्वच्छ रखो,
प्रिय नहीं, उचित शक्ति को
चुनना ही, सत्रह समझो,
और अठारहवें अध्याय में
अर्जुन को मैंने जगत

छोड़ कर ईश्वर में
विश्वास करने को कहा ।

यह सत्य जानो हे दुर्योधन—
यत्र योगोश्वरः कृष्णो यत्र पार्थो धनुर्धरः
तत्र श्रीर्विजयो भूतिर्ध्रुवा नीतिर्मतिर्मम ॥
निंदा स्तुति उभय सम ममता मम पद कंज ।
ते सज्जन मम प्राणप्रिय गुण मंदिर सुख पुंज ॥

हे दुर्योधन,
यदि तू अभी भी इस
सत्य को मानता है,
तो जानो, तुमने
अपने जीवन का
उद्धार किया है,
अब तुम्हें जो पूछना है पूछो
मैंने तुम्हें अवसर दिया है ।

दुर्योधन बोला, हे माधव,
भीष्म पितामह ने
कैसे अपने जीवन भर
प्रण को निभाया,
जब इसी प्रण कारण
उनके कुल की
स्त्रियों को दूषित
होना पड़ गया ?

हे वासुदेव,
किस धर्म कारण गंगा ने
अपने सात पुत्रों को
नदी में बहा दिया,
शांतनु ने सब कुछ
देख कर भी,
क्यों नहीं पत्नी को
कभी कुछ टोका ?

युवा पुत्र के होते भी,
पिता ने, क्यों
षोडसी पत्नी की
कामना किया
इस बिंदु पर तो
हे माधव, आपने
अब तक कुछ भी
नहीं कहा ?

देवब्रत की महानता
का क्या कहना,
अंबा ने जिसे परिणय
के लिए चुना
भीष्म ने अपने
प्रण कारण
उसी का तो बस
तिरस्कार किया ।

अम्बा को भीष्म-गुरु
परशुराम से भी
जब न्याय नहीं मिला,
तब उसने दुखी
होकर खुद को
योगाग्नि के
हवाले कर देना ही
उचित समझा।

यह कैसी थी
नियति हे वासुदेव
कृष्ण, जरा यहाँ भी
तुम कुछ बोलो,
इस कुरुवंश
की महिमा कैसी
थी, तुम तो जरा
यहाँ बखानो।

इस कुरु वंश के
सारे राजे, बड़े
धीर वीर पराक्रमी
हुआ करते थे
पर यह कैसा पराक्रम
था कि बहुत से
राजे वासना में ही
लिप्त होते थे ?

इस कुरु वंश में न
जाने अब तक में
कितनी स्त्रियों की कथा,
उलझन भरी हुई है,
गंगा, सत्यवती, अम्बा
अंबिका, अंबालिका,
का जीवन तो जन की
समझ से भी परे है ।

तभी कृष्ण ने
कहा टोक कर
हे दुर्योधन, तू
मत प्रलाप कर
गंगा तो थी धरती
की देवी
पत्नी बन वह
कैसे रहती ?

अष्ट वसुओं को
श्राप वश
जीवन चक्र में
पड़ना था
और उन्हौंने
कोख रूप में
सिर्फ गंगा को ही
मांगा था ।

राजा शांतनु पूर्व
जन्म में ही
गंगा के रूप पर
हुए थे मोहित
इस अभिलाषा को
धरती पर
भोगना तो था
उनको भी।

एक बार सभी
देवता मिलकर
ब्रह्मा की पूजा
थे कर रहे,
तभी हवा के तेज
झोंकों से गंगा के
तन से वस्त्र थे
उड़ गए।

प्रतापी धर्मात्मा,
राजा महाभिष
जो पूर्व जन्म के
राजा शांतनु थे,
गंगा तन को देखते
रह गए, जब
अन्य देवों ने अपनी
नजरें झुका लिए।

यह देख ब्रह्मा ने महाभिष
और गंगा दोनों को,
नश्वर देह पाने
का श्राप दिया
उसी महाभिष का जन्म
इक्ष्वाकु वंश में
राजा प्रतीक और
सुनंदा के घर हुआ ।

पूर्व लालसा के कारण
ही राजा शांतनु
गंगा के रूप पर
मोहित हुए,
और एक एक करके
वहीं तो सारे ही
अष्ट वसुओं ने भी
जन्म लिए।

वसुओं को नंदिनी के
अपहरण करने पर
महर्षि वशिष्ठ ने
दिया था श्राप,
और वसुओं को भी
धरती पर जन्म लेने के
क्लेश पाकर, करना
था जो पश्चाताप ।

तभी जन्म दे सात
पुत्रों को गंगा ने,
सबको नदी में
बहा दिया, और
इसी विधि सात
वसुओं को गंगा ने
उनके श्राप से
मुक्त किया।

सात पुत्रों को बहा
देने के बाद
राजा ने जब प्रश्न किये
होकर दुखी,
किस कारण से रुष्ट
हो गंगा तुम
अपने ही पुत्रों को
यों फेंक रही ?

तभी आठवें वसु
को वहीं छोड़ कर
गंगा तत्क्षण
नदी में परिणत हुई,
किसी कार्यों में
दखल न देने का उसने
जो राजा से वचन लिये थे
विवाह पूर्व ही।

पूर्व योजना से ही
गंगा ने सात
वसुओं को नदी में
बहाया था
वसुओं की मुक्ति
कारण ही
गंगा ने ऐसा कर्म
दिखाया था।

आठवें वसु "द्ध्यों"को
बहुत काल तक
धरती पर, रहने का
अभिशाप था,
क्योंकि नंदिनी की
चोरी करने की
योजना 'द्ध्यों' ने ही
बनाया था।

इसी पाप करण
उन्हें मृत्यु लोक
के सब दुख सुख को
भोगना था
और इन्हें अपने
किए पापों को
जगत से निःस्पृश्य
रह कर झेलना था।

वही आठवें वसु, 'द्यों'
अभी भीष्म पितामह
बन, कुरु वंश में
अवतरित हुए
तभी उन्हें धरती के
राग, क्लेश
कभी कुछ नहीं
बांध पाए।

वे अम्बा का क्या
करते जब
उनको, ब्याह नहीं
था करना,
उन्हें तो आजीवन
ब्रह्मचर्य रह
हस्तिनापुर का सेवक ही
सदा था रहना।

एक शापित अप्सरा
और उपरिचर वसु
चेदिराज, की कन्या
थी सत्यवती,
जो एक अद्रिमा नाम
मछली के पेट में
जन्म लेने को थी
रख दी गई।

वही मछली के पेट से
निकल धीवर मछुवारे
की बेटी बन,
यमुना तट पर रहती थी,
वहाँ अपने पिता के साथ
लोगों को यमुना
पार कराया
करती थी।

मछली के पेट से
अवतरित वह
उसका तन था दुर्गंध
से भरा हुआ
फिर भी समस्त रूप
गुण पूरित वह,
नाम उसका
सत्यवती पड़ा।

तन मछली की
दुर्गंध से भरा
वह सौन्दर्यमयि
नवयौवना थी
मगर कोई उसके
पास न आते
कहते लोग उसे
मत्स्यगंधा ही।

फिर भी उसके रूप पर
सारे देव, गंधर्व
मुग्ध हुआ करते थे,
मगर उसकी ऐसी
दुर्गंध भरी देह,
कि उसे पाने की
कोई कामना
कभी नहीं करते थे ।

एक बार ऋषि
पराशर उसकी
नाव पर, नदी पार
थे कर रहे,
वे उसके रूप पर
मोहित, उससे
सहवास करने को
इच्छुक हुए ।

पर दुर्गंध भरी देह होने के
कारण सत्यवती ने
खुद को, ऋषि के
अयोग्य कहा,
वैसा सहवास
पाप होता है, जिसमें
दो प्राणी की न हो
सके सहजता ।

तभी ऋषि ने
मत्स्यगंधा को
कुमुदनी की खुश्बु से
पूरित किया,
और सत्यवती को दुर्गंध
मुक्त कर ऋषि ने
उसके साथ
सहवास किया।

अब एक योजन पर्यंत
सत्यवती की
देह की खुश्बू
फैलने लगी,
अब सबलोग उसे
मत्स्यगंधा नहीं
कहने लगे
योजनगंधा ही।

फिर ऋषि पराशर
के संयोग से
सत्यवती को एक
पुत्र प्राप्त हुआ
जो जन्म लेते ही
बृहत आकार ले
वेद ब्यास नाम से
विख्यात हुआ।

ऋषि के वरदान
स्वरूप कन्या का
कौमार्य भंग भी
नहीं हुआ
और वह अब कहलाने
लगी कुमारी
सौन्दर्यमयि युवती
योजनगंधा।

गंगा तट पर रहते हुए,
उसकी देह की
खूश्बु एक योजन
तक फैलने लगी,
सभी देव मनुष्यों
को उसे प्राप्त
करने की चाहत
बढ़ने लगी।

इसी खुश्बू से मोहित,
राजा शांतनु ने
उससे विवाह का
प्रस्ताव किया,
मगर धीवर,
सत्यवती के पिता
ने, बदले में, एक
वचन मांगा।

"सत्यवती का पुत्र ही
हस्तिनापुर का
सम्राट बने", धीवर ने
प्रस्ताव रखे,
उस समय गंगापुत्र
देवब्रत हस्तिनापुर के
उत्तराधिकारी और
युवराज कहलाते थे ।

धीवर के प्रस्ताव सुनते
ही राजा, बड़े
असमंजस में पड़े
यह खबर मिलते ही
देवब्रत ने तत्क्षण राज्य
त्याग, हस्तिनापुर के
सेवक रह, ब्रह्मचर्य
पालन के व्रत लिये ।

इसी प्रण के करने
कारण देवव्रत
जगत में भीष्म नाम
से विख्यात हुए
और राजा शांतनु ने
खुश हो कर तब,
पुत्र को, इच्छा-मृत्यु
के वरदान दिए।

यह सुनते ही
असमंजस त्याग
मछुवारा धीवर बड़ा
प्रसन्न हुआ
और खुशी खुशी
उसने सत्यवती
का विवाह राजा शांतनु
के साथ कर दिया।

सब सुन दुर्योधन
बोला अकुलाकर,
सारे न्यायप्रिय राजे
एक से एक बढ़ कर
पर उसे कैसा वीर
कहोगे माधव,
जिसने, जन्म लिये थे
बन कर किन्नर।

विरह से हृदय की
धधकती ज्वाला को
कहो अम्बा ने कैसे
शांत किया होगा
जरा यह भी सोच बताओ
अम्बा ने शिखंडी बनना
किस नियति वश
स्वीकारा होगा ?

कैसे उसने भीष्म की,
होनी से खिलवाड़ किया,
हे कृष्ण तुमने कभी
क्या यह सोचा पाया ?
—यहाँ एक बड़ी नियति
थी हे कुरुराज,
यह नियति की ही एक
सोची समझी थी चाल ।

यदि ये सारे प्रपंच
न रचे जाते तो
भीष्म को पराजित
कौन कर पाते ?
जब तक उनके हाथों में
अस्त्र होता
कराल को भी उनसे
हारना पड़ता ।

यदि उन्हें जीता नहीं
जाता, तब
महाभारत कभी पूर्ण
कैसे हो पाता
उनके हाथों से शस्त्र
का त्याग
शिखंडी के बिना
क्या संभव था ?

इस धर्मयुद्ध में जब
जो भी हुआ था
सभी किसी निश्चित
कारण से ही घटा था,
जिसने जो भी पाप-पुण्य
किया था, सभी का
इस युद्ध से पहले ही
लेखा-जोखा निश्चित था।

तभी दुर्योधन ने पूछा,
यह भी जरा बताओ,
केशव, किस नियति वश
तुमने भी युद्ध में
अपनी प्रतिज्ञा तोड़े
किस कारण से तुम
भीष्म पर चक्का
लेकर दौड़ पड़े ?

तूने तो भरी सभा में
कहा था, माधव, तुम
युद्ध में किसी पर भी
अस्त्र नहीं उठाओगे
मगर क्या तुम
पितामह से डर कर
अपनी प्रतिज्ञा भी
न बचा पाए।

कृष्ण बोले, हे दुर्योधन
तुमने उचित समझे,
मैं तो कालों का काल हूँ
यह तुम भूल गए
भीष्म को गलति का
ज्ञान कराना जरूरी था
अधर्मियों की रक्षा धर्म नहीं,
यह बताना जरूरी था ।

हस्तिनापुर की रक्षा की
उन्हौंने प्रतिज्ञा की थी
मगर उनकी वफादारी
गद्दी तक ही सिमट गई
अधर्मी राजा की गद्दी
रक्षा भी होता है अधर्म
देश का कल्याण रक्षा
ही सबसे बड़ा है धर्म ।

हे दुर्योधन, धृतराष्ट्र के
किसी भी अनीति का
भीष्म कभी विरोध
नहीं कर पाये
क्योंकि, उन्हौंने
सदा राज गद्दी से
खुद को जोड़े रखना ही
अपने धर्म समझे ।

यह सत्य जानो
इस महाभारत की
एक बड़ी वजह
भीष्म ही सदा से रहे,
यह विध्वंस नहीं होता
यदि भीष्म गद्दी से
न जुड़ कर औचित्य
का साथ देते ।

तब सोचो, उस
युद्ध में अब और
यदि भीष्म को
नहीं रोका जाता
हे कुरुवंशी, मानव के
साथ सारी पृथ्वी का
कुछ अवशेष भी कहीं
नहीं बचने पाता ।

और मैंने अपना प्रण
वहाँ भी नहीं तोड़ा था
वहाँ मैंने अस्त्र नहीं रथ के
चक्के को उठाया था,
जबकि मेरा प्रण तो
धनुष बाण, तलवार
खड्ग, सुदर्शन को
नहीं पकड़ने का था ।

हे महाबली दुर्योधन,
कभी-कभी सृष्टि की
कुशलता वास्ते
भगवान माया रचते हैं
और माया में जो
दिखलाई पड़ता
वह सदा से ही
आँखों के भ्रम होते हैं।

तो फिर गुरु द्रोण ने जो
किया वह कैसा भ्रम था
उन्हौंने कर्ण को सूत-पुत्र
कह क्यों धिक्कार दिया,
साथ ही राजपुत्र न होने से
कर्ण को अपना
शिष्य बनाना भी
स्वीकार नहीं किया।

दूसरी तरफ
शुद्र एकलव्य
को उन्हौंने शिक्षित
न करने पर भी
उससे किस द्वेष वश,
कृपा के बदले
दक्षिणा में उसका
अंगूठा ही मांग लिया ?

क्या गुरु द्रोण को थी
शंका, अर्जुन से आगे
कहीं कर्ण, एकलव्य
न निकल जाये
और उनकी मंशा द्रुपद
से बदले की, इन दोनों
कारण कहीं अधूरी
ही न रह जाये।

वे बस अर्जुन को
ही बढ़ाना चाहते थे
उसे ही सारी विद्या
सिखाना चाहते थे,
मगर एकलव्य ने
खुद की लगन से
गुरु मूर्ति रख सारी
विद्या स्वयं सीख लिये।

उनकी मूर्ति के सामने
एकलव्य ने जब
सारे शस्त्रों की विद्या
साध ली,
यह देख गुरु द्रोण हुए
अचंभित, शंकित,
यह अर्जुन को भी
न पछाड़ दे कहीं।

तभी उन्हौंने कपट
छल से भर कर
अपने रूप मूर्ति-गुरु की
दक्षिणा मांगी,
और दक्षिणा में उसके
दाहिने हाथ
के अंगूठे की ही
मांग रखी ।

यह सब माधव, कैसा
था पक्षपात
क्योंकर गुरु का था
स्वार्थी विचार,
हर पल गुरु ने
स्वार्थ वश होकर
अर्जुन के लिए बस
रचा स्वार्थ ।

ये सब कुछ तो ठीक पर
इसके पीछे एक प्रश्न बड़ा
गुरु न तो अज्ञानी होते
ना ही स्वार्थ में अंधा,
अंगूठा मांग कर गुरु ने
उसे मध्यमा तर्जनी से
शस्त्र - संधान सीखा
जग में नई रीति चला दि |

एकलव्य बना जरासंध
का सेना नायक और
सात बार यदुवंश
पर किया आक्रमण,
फिर उसने मुझको
कुपित किया
और मेरे ही हाथों
वीर गति को प्राप्त हुआ

यदि ऐसा न होता तो
पूरी सृष्टि पूरा जगत
संकट में पड़ जाता
अगर एकलव्य कौरव
के साथ मिल जाता
तो महाभारत में बड़ा
त्राहि माम् मच जाता

और कहो, जन्म लेते ही
कुंती ने कैसे समाज
भय से पुत्र को स्वयं
नदी में बहा दिया
उस समय उसने पुत्र
कामना ही क्यों की,
क्या, उसे ऋषि के वर
पर संशय था ?

हे वासुदेव तुझसे
क्या पूछूँ,

कर्ण सूर्य पुत्र है, यह
जग जाहिर है,
पर राधा के घर
राधेय क्यों बना,
यही उलझन नहीं
समझ आती है ।

तभी कृष्ण बोले,
भागवत पुराण के
अनुसार, पूर्व जन्म में
कर्ण, एक दंभोद्भवा
नामक असुर था,
जिसका विष्णु अंश
अवतार के बिना संहार
हो पाना असंभव था ।

मगर सोचो, यदि कर्ण
कुंती पुत्र कहलाता, तो
तेरा मित्र बन, अर्जुन के
हाथों क्योंकर मरता,
तभी नियति वश हो वह
सूत पुत्र राधेय बना
कुरु वंश के सारथी,
घर में ही पला बढ़ा ।

पद्मपुराण में एक
और कथा है--
कर्ण वहाँ ब्रह्मा

कर्ण वहाँ ब्रह्मा का
पुत्र कहा गया है
एकबार शिव और
ब्रह्मा में, किसी
करण वश घनघोर
युद्ध हुआ ।

शिव ने क्रोध
में आकर
ब्रह्मा का सिर
काट दिया,
और ब्रह्मा के
श्वेद से तभी एक
श्वेदजा नाम देव
उत्पन्न हुआ ।

शवेदजा शिव को
दौड़े मारने,
शिव भयवश
लगे भागने
विष्णु लोक पहुँच
गए शिव
भागते भागते
प्राण बचाने ।

विष्णु ने अपनी
हथेली काटी
उस चूते हुए रक्त

से तत्क्षण
एक देवता का
आविर्भाव हुआ
जिसका नाम
रक्तजा पड़ा।

शवेदजा, रक्तजा में
दवंद युद्ध हुआ
पर कोई किसीको
जीत नहीं पाया
एक विष्णु के रक्त
से उत्पन्न
दूसरा ब्रह्मा का
था श्वेद अंश।

विष्णु सृष्टि के
पालनकर्ता
ब्रह्मा सृष्टि के
सृजन कर्ता
कौन किसे उचित
कहे, पूरे
ब्रह्मांड तो
नतमस्तक था।

विष्णु ने रक्तजा
को दुखी देखा
तब प्रसन्न हो

करके कहा
द्वापर के महाभारत
भूमि में विष्णु अंश
रक्तजा ही श्वेदजा
को जीत पाएगा।

पुनः ब्रह्माजी का दुख
विमोचन कर
विष्णु ने श्वेदजा
को सूर्य
और रक्तजा को
इन्द्र देव के
संरक्षण में
छोड़ दिया।

द्वापर युग में यही
दोनों देवता
कर्ण, अर्जुन नाम से
अवतरित हुए,
और इसी कारण
दोनों ही दोनों को,
जीतने की इच्छा से
पूरित रहते थे।

इन्द्र ने रक्तजा को
द्वापर युग में
धरती पर भेजने से

इनकार किया,
क्योंकि त्रेता में
विष्णु राम ने ही
इन्द्र पुत्र बालि की,
कर दी थी हत्या।

तभी कृष्ण अवतार
में विष्णु ने
अर्जुन के साथ देने
का वचन दिया
और सूर्य ने श्वेदजा
को एक सौ
कवच के साथ
धरती पर भेजा।

जो कोई भी यह
कवच तोड़ेगा
उसकी मृत्यु निश्चित
होगी, का एक
रक्षक वर दे कर,
उसके हृदय में
विष्णु भाव की
प्रतिष्ठा भी किया।

हे दुर्योधन, यहाँ तू
यह समझ,
महाभारत एक पूर्व

योजना है
जहां सबों के किये
कर्मों का
समायोजन ही नियति
बन गई है ।

धृतराष्ट्र पुत्र तब
हँसते हुए बोला,
सच और सब सच
है केशव,
यदि सब कुछ पूर्व
निश्चित है
फिर अनिश्चित मेरा
ही क्यों सब है ?

अब इस वंश का नाश
हुआ तो
सबों को सब कुछ
याद आया
यह युद्ध कहाँ रुक
पाया माधव,
तेरी जो पार्थ से
संगति रहा ।

तेरे बिना युधिष्ठिर
का बोलो
मेरे आगे क्या

थी हस्ती
तू ही तू रहा,
हे केशव,
तभी अर्जुन बन रहा
आज विजयी ।

मैं कहता हूँ, हे वासुदेव,
तुम भी अगर
मेरी संगत में आ जाते
यदि तुम ऐसा नहीं
कर पाए तो
बस तुम युद्ध से ही
अलग हो जाते ।

युद्ध में पांडव की
क्या नियति
हो सकती तब,
अनुमान लगाओ
पाण्डव को तुम बिन
कौन जिता पाते
मुझे जरा कोई उसको
दिखला दो ।

हे वासुदेव, अपनी
सेना का सहर्ष
संचालक मैं तुझे बनाता,
और अपनी राज्य

लिप्सा को भी
तुझको पा कर
विसर देता ।

तभी कृष्ण
मुस्काकर बोले,
सत्य, सत्य, तेरे सत्य
वीरोचित हैं
तूने अपने वंश,
कुल, पूर्वज की
मर्यादा का, सही
आकलन किये हैं ।

तू तो बस सदा से है
बेचारा न्यायोचित धीर
मगर कुरु वंश के
पूर्वज ही सारे
थे जो अपवित्र,
अमर्यादित,
कलंकित और
चरित्र हीन ।

मगर हे मर्यादित
दुर्योधन
तेरे वही अपवित्र
कुल हैं,
जिस कुल में

जन्म लेने से
तेरी माता धरती पर
कलंकित हो गईं हैं ।

तू तो जन्म से ही
है असुर,
कलि, कलियुग
अंश अवतार,
तेरे जन्म लेते ही
मच गया था
पूरी पृथ्वी पर
बड़ा हाहाकार ।

वेद व्यास जी ने
धृतराष्ट्र से,
तभी तेरा त्याग
करने को कहा था
मगर पुत्र प्रेमवश
धृतराष्ट्र ने
तुझे त्याग नहीं
पाया था ।

जिस वंश की महिमा
पृथ्वी लोक से
चंद्र लोक तक
जाने जाते हैं,
जिस कुल की

महिमा गाथा
देवों संग नारद
बखानते हैं ।

जिस कुल में
जन्म लेने से
राजा भरत युग -युग से
पूजे जाते हैं,
जिस कुल में जन्म ले
चंद्र वंशी सम्मान पाते हैं
जिस कुरु वंश की महिमा आगे
सृष्टि नत मस्तक है ।

उसी कुल में तूने
जन्म ले कर
अपने कुल की
ही निंदा की है,
अपने कुल की
निंदा करना
जग में सभी पापों से
बड़ा होता है ।

जो पूर्वजों के दोष
देखता, वह
आँख रहने पर भी
कहलाता है अंधा,
तूने जो गाथाएं बोली,

वह सब भी, बेशक
इसी वंश में
घटा था।

मगर बिना कारण
जाने समझे
तूने किया है इसका
परिहास
सारे कर्मों के
कारण होते हैं
सभी युग के होते
अलग इतिहास।

सभी समय के धर्म
अलग होते हैं
किसी भी शारीरिक
आचार से
जरूरी, उस समय
की जरूरत
और मन के सही
भाव होते हैं।

अपने अहंकार,
स्वायत्तता त्याग
जो सब प्रभु को
अर्पण करते हैं
उसे कर्मों के दोष

नहीं बांधते
ईश्वर तो सब जानते
समझते हैं ।

सृष्टि का सबसे
बड़ा धर्म है,
सब छोड़ प्रभु में
करना विश्वास,
अन्यथा सारा जगत
मिथ्या है
बस एक आडंबर
और अहंकार ।

कर्तृत्व भाव त्याग
जब प्राणी
जगत का कोई कर्म
करता है,
वह अश्वमेध से
भी बड़े यज्ञ,
पुण्य का भागी
बनता है ।

हर प्रारब्ध को जो
ईश्वर का
आदेश समझ पूरा
करता है
उससे बड़ा

जगत में और
दूजा कुछ धर्म
नहीं होता है ।

समय पर निर्लिप्त
भाव से
जो भी कर्म किये
जाते हैं
वैसे कर्मों को
स्वयं ईश्वर
आकर निर्वहन
कर देते हैं ।

पर तू क्या समझेगा
रे छली,
ईश्वर में करना
विश्वास
तू तो नियति को
दोष दे दे
बना हुआ है
पाप - भंडार ।

तूने जिस वंश की
वधु को दूषित कहा है
वही कुरु वंश की
निर्वाहिका है,
आज की सारी गाथाओं

की जड़
सत्यवती, अंबा और
अंबालिका है ।

सत्यवती ने दोनों को
इसी कारण
पति संग सती होने से
रोका था
इस वंश का जो
कोई आगे
निर्वाहक नहीं
बचा था ।

चंद्र-वंश, कुरु वंश का
क्या होता
यह तो बड़ा कलंकित
हो जाता,
कुल के आगे न बढ़ने
से बोलो
इस वंश के इतिहास
का क्या होता ?

यह सच है,
माता सत्यवती
स्वार्थ और
अहंकार में थीं लिप्त
देवब्रत के भीषण

प्रण का भी
वे महा कारण
बनीं तभी ।

महत्वाकांक्षा कारण
ही उन्हौंने
पुत्र वेद व्यास का
आह्वान किया
कुरुवंश की रुक
गई गति को
आगे बढ़ाने का
संकल्प किया ।

कुल वंश को आगे
बढ़ाना भी
सृष्टि में बड़ा
धर्म होता है
यदि थम जाए
वंश गति
तो सृष्टि भी
थम जाती है ।

दुर्योधन ने कहा, परंतु
हे वासुदेव, अनीति,
अन्याय से बढ़े वंश की
उन्नति नहीं होती है,
तभी सत्यवती की

मंशा की भी
आज हो गई
ऐसी परिणति है।

कृष्ण बोले, हाँ
कुरुपुत्र, तू
यहाँ बिल्कुल सत्य
कहता है,
अनीति से उत्थान
न होता
तभी तो यह
महाभारत रचा है।

परंतु, हे दुर्योधन,
अज्ञानवश
तू पूर्वजों का
दोष न देख,
उसी को सच
जान समझ,
पूर्वजों ने जो
खींच दी है रेख।

वेद व्यासजी,
माता सत्यवती और
ऋषि पराशर के
प्रथम पुत्र थे,
पुत्र पर माता का

कर्ज होता है
उन्हें मातृ- ऋण
उतारने थे ।

यदि विचित्र वीर्य
तक ही
यह चंद्र वंश
रुक जाता
तो इतने इतने
धनुर्धरों का
यश पृथ्वी पर
कैसे फैलता ?

सत्यवती, शांतनु के
थे दो ही संतान
एक चित्रांगद और दूजा
विचित्र वीर्य,
चित्रांगद एक गंधर्व द्वारा
युद्ध में मारा गया
वह गंधर्व था उसका
ही हमनाम ।

दूसरे विचित्र वीर्य
थे नपुंसक,
जन्मजात पीलिया रोग
से ग्रस्त,
तब इस वंश का

क्या होता,
यह वंश तो तभी ही
हो चुका था नष्ट ।

कितनों को धरा पर
आना था
अपने कर्मों का सुयश
फैलाना था
धनुर्धर अर्जुन के
न होने से
कहो, महाभारत
क्योंकर होता ?

ऋषि वशिष्ट के
शापों से
अष्ट वसु कैसे
त्राण पाते
धनुर्धारी अर्जुन के
बिना कहो
शर-शय्या पर भीष्म
कैसे सोते ?

गुरु द्रोण के प्रण
अर्जुन को छोड़
कहो, क्योंकर के
पूरा होते
राजा द्रुपद से बिना

लिए बदला
क्या द्रोण बस हाथ
मलते रहते ?

अम्बा के प्रतिशोध का
क्या होता
जग में गांधारी कैसे
सति कहलाती
कुंती सारे देवताओं
की कथा
हे दुर्योधन, जगत में
कैसे लाती ?

मथुरा में मेरा जन्म
था निश्चित,
मेरा प्रतिरूप अर्जुन
कैसे नहीं आता
तेरे जन्मों जन्मों
के पापों का
कहो, प्रतिकार भला
कैसे होता?

तूने जन्मों- जन्मों में
जो किये पाप
सभी का खंडन तो
होना ही था
सुनते ही दुर्योधन

रोष भर बोला,
केशव, मुझको बातों में
अब न उलझा ।

सभी कुछ पहले से ही
निश्चित था
फिर मेरा कर्म क्यों
अनिश्चित था
सबने जो किया
वह नियति थी
एक मेरी ही योजना
अनैतिक थी ?

हे वासुदेव,
आप, पहले से ही
सब जानते हैं
सबके कर्म - धर्म
पहचानते हैं
फिर मैं ही क्यों
अदृश्य भला
जिसे तू भी नहीं
समझ सका ?

गांधारी ने जो किया वह
थी नियति
अंधे पति संग आँखों पर
बाँधी पट्टी,

देवब्रत ने किस हक से
गांधारी को
अंधे धृतराष्ट्र के लिए
जीत लिया ?

तभी कृष्ण हंसकर
दुर्योधन से बोले
सुन अब तू गांधारी
की कथा,
गांधारी पिछले जन्म की
एक चिड़िया
दो छोटे-छोटे बच्चों की
थी माता ।

उसे अपने बच्चों से था
खूब प्यार
चोंच में चोंच डाल
लड़ाती रहती थी लाड़,
बच्चों का मुख देख हर्ष
से भर कर मन को
लेती थी झट अपने
डैने में छुपा बच्चों को ।

जब कंधे पर पिता
शांतनु, और
माता ज्ञानवती को
श्रवण कुमार,

तीर्थाटन को लेकर
निकले थे
तभी उनको जोरों की
लगी प्यास ।

श्रवण कुमार ने
तब वंहगी को
उसी पेंड के नीचे
रख दी थी
जिस पेंड पर
वह चिड़िया,
अपने बच्चों से लाड़
लड़ाया करती थी ।

चिड़िया के बच्चे इंसान
को देखकर बोले
डर से झट माँ के
पीछे छिप कर के
यदि ये हमें पकड़ने
आए हैं, फिर
स्वयं ही क्यों इतने
बेवश लगते हैं ?

चिड़िया ने कहा
डरने की बात नहीं
इन्हौंने तो पुत्र का मुंह
भी कभी नहीं देखा,

ये तो स्वयं पुत्र के कंधे
की बोझ बने
मेरे पुत्रों को क्या
पकड़ेंगे भला ।

ज्ञानवती ने चिड़िया की
बात सुनी
उन दोनों के मन में
क्लेश हुआ
हे दीनानाथ, मेरी
विनति सुनो,
"अब पुत्र पर भार न बनें,
मुक्ति दे दो" ।

तभी राजा दशरथ ने आ
उन्हे जल पिलाया
फिर, उनके पुत्र के मारे
जाने का संदेश दिया,
पुत्र शोक से व्याकुल हो कर
ज्ञानवती ने
उस घमंडी पुत्रवती
चिड़िए से कहा—

'हे चिड़ी, मैं अंधी,
पुत्र के शोक से हो
व्याकुल, इस तन का
त्याग करती हूँ,

मगर तू अपने सौ पुत्रों
का मुंह भी नहीं देख,
उनके संहार पर
आँसू बहाएगी ।

हे दुर्योधन, इसी श्रापवश
गांधारी ने
अंधे पति संग आँखों
पर बाँधी पट्टी
और अपने सौ पुत्रों
का मुख आँख होते
भी कभी जीते-मरते
न देख पाई ।

दुर्योधन बोला,
हे माधव, कैसी इस
वंश की महिमा थी
कैसी इस कुरुवंश की
परिकल्पना थी
कुंती ने पति की
आज्ञा मान
देवों के वंशों की
वृद्धि की थी ।

कुंती ने अलग- अलग
देवों का
अलग - अलग

आह्वान किया
उनसे उनके संतानों को
प्राप्त कर
उनको पांडु पुत्रों का
नाम दिया ।

माद्री कैसी पतिव्रता
नारी थी, उसने
अश्विनी कुमार के पुत्रों
को जन्म दिया,
मगर अपने पति संग
विहार करने से
तत्क्षण वैधव्य को
प्राप्त किया ।

माद्री ने अपने पुत्र कुंती
को सौंपा
खुद पांडु संग चिता पर
सती बनी,
और कुंती पाँच-पाँच
वीर पुत्रों की
महिमामयि माता
जग में कहलायी ।

हे वासुदेव, इस वंश
के पुरुष
क्या सदा सदा से

शापित थे
या क्या वे
सभी अधार्मिक
वासना लिप्सित
व्यभिचारी थे ?

राजा पांडु के शापों
की सजा
उनकी पत्नियों ने
क्योंकर भोगा
विहार-रहित पांडु
के संग भला
पत्नियों ने क्या कुछ
सुख भोगा ?

यह सब भी क्या
नियति है कृष्ण
कुछ कहो मेरा मन
हो रहा खिन्न,
द्रौपदी पाँच पतियों
की पत्नी
छठे कर्ण-लालसा से
भी न रही भिन्न।

फिर भी धर्म उसे
सती कहता है,
ऐसा विधान कैसे

बनता है
यह शास्त्रों का है
कैसा आचार
उचित कहलाया यह
किस आधार ?

तीन पति तक तो
शास्त्र सम्मत है
मगर पाँच पतियों का
कैसा व्यापार?
कृष्ण बोले, शुरू से
तुझे बताता हुँ
सब शास्त्र आचार
तुझको समझता हूँ।

सुन सुयोधन, मैं
तुमको कुरु वंश
की सारी बात
बताता हुँ
कब कहाँ क्या
घटित हुआ
शुरु से सब
कथा कहता हुँ ।

तूने उसी राज्य का
लोभ किया
जिसे गंगा पुत्र ने

तिनका माना
देवब्रत ने इसे
मिट्टी समझ
पिता की इच्छा पर
त्याग दिया।

वे तो इस राज को
पा सकते थे
तभी वे ही युवराज
कहलाते थे
वे अपने धनुर्ज्ञान के
बल से भी
शांतनु, सत्यवती को
जीत सकते थे।

पिता के वचन को
सम्मान देना
धर्म के पथ को
अपनाना
कठोर व्रत को
स्वीकार करना
सब पूर्व निश्चित ही
थी योजना।

पुनः कृष्ण बोले,
हे दुर्योधन,
द्रौपदी की वही

महिमा है
जिसे तूने
कू - कृत्य कहा
पाँच पतियों की
पत्नी होना
ही, द्रौपदी की
भव्यता है ।

जो भी उसने अब तक
सहा है, वह
उसके पूर्व जन्मों का
है परिताप
उसके पाप पुण्य कुछ
उचित नहीं
द्रौपदी के आचरण तो,
सदा निर्विकार ।

रे मूर्ख दुर्योधन,
द्रौपदी कठिन
विकराल डगर
पुष्प मान
उस पर न चल
यज्ञ हविश से
उत्पित वह
भ्रमवश उसको स्त्री
न समझ ।

पंच तत्वों की वह
प्रज्ज्वलित शिखा,
यहाँ तू अपनी
ताकत न बता
जिस युद्ध- यज्ञ की
अग्नि में
जल सब कौरव
हो गये स्वाहा ।

तेरे पापों का बिना
किये संहार
वह चुप न बैठने
वाली थी
युग युग तक जो न
मिट पाए
ऐसी कथा वह
लिखने वाली थी ।

नारायण उसके तन मन
में रमते
उसे सृष्टि के कृत्य
क्या बांध पाते,
निश्पृश्यता निर्लिप्तता
उसकी चेरी
उसे तेरे पाप क्या
हरा पाते ?

यज्ञसेनी की अग्नि में
तपे पांडव
उन्हें न जानो किसी
कारण आडंबर
शकुनि नष्ट हुआ
रच-रच प्रपंच
भष्म बन उड़ गये
उसके सब भ्रम।

सोच हे दुर्योधन
सोच सोच
कितने कृतघ्न
बनकर तूने,
रजस्वला कुलवधू
के वस्त्र
भरी सभा में
हरण करवाये।

वस्त्र हरण करवा
थक कर
तूने अपनी जंघा को
सहलाये
और सारी मर्यादा को
तोड़ शकुनि संग
तूने अपने ही कुल
के उपहास किये।

अब इस अग्नि में
जल कर
यह वंश समूल
नष्ट हो हुआ
शकुनि सहदेव के
संहार साथ
भीम तेरी भी जंघा
तोड़ चुका।

जिस मित्र कर्ण पर तू
इतराता था
उसका तेरे से पहले ही
विलय हुवा,
भीष्म,अश्वत्थामा,शकुनि
सारे कौरव
आज कहीं कोई न
बचने पाया।

अब महाप्रलय तो
मच ही चुका
टूट चुकी तेरी भी
अमोघ जंघा,
भवानी रौद्र रूप
ले दौड़ चुकी
सोचो अब तेरा
क्या हाल हुआ ?

इसी युद्ध की
अग्नि में,
दोनों वंश हो
गये स्वाहा
तूने कहा, द्रौपदी
ने की थी
कर्ण की भी
लालसा ।

मगर रे अभागा, उसने,
कर्ण को
हविशाग्नि बनने की
चुनौती दी थी
उसे इस पाप कुंड से
मुक्ति की
एक नई राह
दिखलाई थी।

कर्ण ह्दय से था
नारायण सेवक
वह तेरी संगत पा बन
गया नश्वर
अर्जुन से युद्ध उसकी
थी नियति
तभी तेरे संग उसकी
हुई संगति ।

कृष्णा ने उसे
पाप से ऊपर
उठने की राह
दिखाई थी,
पर वह कृतघ्न न
बन सका
उसमें तेरे वादों की
सच्चाई थी।

वह किसी भी
युक्ति से
अथवा धर्म की
उक्ति से
वादे को तोड़
नहीं सकता था
भले ही प्राणों को
उसने दिया गंवा।

गेहूं संग जवार के
पिसने से
जैसी ज्वार की
होती है गति
तेरे किये पापों की
चक्की में
तेरे संग उसकी भी
'झींक' पड़ी।

क्या सोचा, जब द्रौपदी
दहाड़ उठी
गगन, पृथ्वी
थर्राने लगी
उसे तू ने यूं
हल्की समझा
उसने तो सबसे बदला
ले ही ली ।

हे कौरवराज, द्रौपदी
कोई स्त्री नहीं,
वह कराल काली
विनाशिनी है,
वह पूर्व जन्म की
इंद्रसेना,
मुद्गल ऋषि
की पत्नी
मुद्गलिनी है ।

अल्पायु में पति की मृत्यु
हो जाने पर,
उसने, शिव की घोर
तपस्या की थी
धर्म, शक्ति, वीरता,
सौन्दर्य विद्वता
युक्त पति की
चाहना की थी ।

उसने शिव से
पाँच बार में
पाँच गुण वाले
पति को मांगा था
प्रत्येक वर मांगने
के उपरांत
शिव ने, तथास्तु,
कह डाला था ।

इसी पाँच वर कारण
उसके जीवन में
पाँच गुणों वाले पाँच
पांडव आए थे,
इसमें किसी का
दोष नहीं,
शिव ने बस अपने
वचन निभाए थे ।

उसे सिर्फ पांडव - पत्नी
न समझ,
वह सारे धर्मों की
है निचोड़
सारे वेद, शास्त्रों का है
शाश्वत मत
किसी धर्मों का
उससे नहीं होड़ ।

सारे शास्त्र पुराण
यही कहता है
सृष्टि के धर्म की
सीमा रेखा वह
अधर्म की जलती
बस्ती की
ईंधन भी वह घृत
चंदन भी वह ।

उसने हर एक
परिस्थिति को
अपना धर्म मान
स्वीकारा है
कहीं कभी भी उफ़
नहीं करके
सब कष्ट को
अंगीकारा है ।

द्रुपद के यज्ञ कुंड से
जन्मी वह
राजा पांचाल की
राजकुमारी है
वह नारी की
क्रोधाग्नि है
वह बिना शस्त्र एक
योद्धा है ।

इस पुण्यभूमि
कुरुक्षेत्र का
महाभारत उसी पर
था आश्रित,
वह नारायण की सखी
है कहलाती
वह पांडवों की है
बलदायनी शक्ति।

वह देवों के हविश
से उत्पन्न
ब्रह्मांड की एक
चमकती ज्योति है
नारी शौर्य विकास
की गाथा वह
पुरुषों के लिए
प्रश्न चिन्ह है ।

महापुरुषों की वह
आत्मग्लानि
धधकते प्रतिशोध की
ज्वाला है
हर युग के अन्यायी
पुरुष तो,
बस द्रौपदी का एक
निवाला है ।

हे दुर्योधन, वह
कृष्णा है
वह पांचाली,
नारायणी है
वह यज्ञसेनी,
धृष्टद्युम्न भगिनी
वह केवल अर्जुन की
प्रेमिका है।

सृष्टि में कोई दूसरी
स्त्री नहीं, जो
द्रौपदी के समक्ष
टिक भी पाए
जो केवल माता की
आज्ञा से
पाँच भाईयों में
बंट जाए ।

द्रौपदी का तन
हविश के
पंच अग्नि तत्वों से
बना हुआ
कोई एक पुरुष इस
अग्नि को
कभी अकेले झेल
नहीं सकता ।

इसीसे अलग अलग
गुण वाले
पाँच देवताओं ने
मिलकर,
उसके भार को
स्वीकार किया
अलग-अलग पांडव
बन कर ।

वही महाभारत
का इतिहास
वही विनाशकारिणी
लीला है
वह दुर्गा है, वह
काली, चंडी,
हर युग के लिए
चुनौती है।

जब जब होगा
अत्याचार
नारी संग होगा
अनाचार
तब - तब द्रौपदी
दहाड़ेगी
अधर्मी पुरुषों को
संहारेगी ।

इस युग का विनाश तो
निश्चित था
निश्चित था कुंती का
फलना अभिशाप
गांधारी का भी निश्चित
था विलाप,
निश्चित था अपनों से
अपनों का नाश।

भीष्म का निश्चित था
शर-शय्या सजना
निश्चित,था गुरु द्रोण
का वध होना,
देखो, विधवाओं का
हो रहा प्रलाप
धरती विलख रही है
भर संताप।

माताएं पुत्रों का मोह
त्याग चुकी
यह पृथ्वी चित्कारों से
थर्रा ही उठी
श्यामलता को त्याग
धरा अब
बेटों के लहुओं से
रक्तिम हो ही गयी।

धरा का विचरता
शब्द कल्याण
किसीको इसका न
बचा ज्ञान
कैसा गहन अंधेरा
पसर गया
हाथ को हाथ न
सूझ रहा ।

कहीं भी कोई नहीं
बचने पाये
कौन किसे कुछ
समझाए
धृतराष्ट्र के अंधी
आँखों का
अब कौन आकर
आंसू पोंछे ?

धरती त्राहि माम्
पुकार रही
बच्चे अनाथ हो
विलप रहे
कौन किससे
कुछ पूछेगा
जो बचे निर्जीव
से ही बचे ।

हे दुर्योधन, कौरव,
पांडव दोनों
कुल का समूल
विनष्ट हुवा,
जो बचे थे बस
द्रौपदी के पुत्र
उनको अश्वात्थामा ने
मार डाला ।

जो बालक निंद्रा में
सोये थे, उनका
भी इस पापी ने
नाश किया
और पांचों पांडव
के भ्रमवश
सिर तुझको लाकर
भेंट किया ।

हे दुर्योधन,
जो दोनों वंश के
नाम पर बचे थे
उसे भी अश्वत्थामा ने
बे-मूल किया
तेरे ही वंश को तेरा
सह पा कर
गुरु पुत्र ने सब कुछ
नष्ट किया ।

इस कृतघ्न
कृत्य से तो
तुझको भी कुछ
सुख न मिला,
बच्चों की निर्मम
हत्या करने से
अश्वात्थामा स्वयं भी
उद्विग्न हुवा ।

जब अर्जुन पीछा
करते हुए
गाण्डीव हाथ ले
दौड़ पड़ा,
तब अश्वत्थामा,
प्राण लेकर
सूर्य गति से
पृथ्वी पर भागा ।

मगर थक गये उसके
रथ के घोड़े
जब बचने के कोई उपाय
नहीं सूझे
तब खुद को उसने
अकेला पाकर
दिया ब्रह्मास्त्र का
संधान कर ।

ब्रह्मास्त्र के प्रयोग
होते ही
दसों दिशाओं में तेज
ज्वाला फ़ैल गई
उस धधकते प्रचंड
ज्वाला कारण
अर्जुन के भी प्राणों पर
बन आई ।

तब उसने मुझ से
प्रार्थना किया,
हे कृष्ण,इस आग में
जलते जीवों के लिए
अब बस तू ही तू
एक राह बचा
मेरे भी प्राण तो अब
संकट में हैं पड़े ।

प्रभु आप अपनी
चित्त-शक्ति से
बहिरंग त्रिगुणमयि
माया से,
तुम्हारा अवतार जीवों
के लिए हुआ
अब तत्क्षण सब की
रक्षा करो।

हे स्वयं प्रकाश स्वरूप
श्री कृष्ण,
धर्म्यादि कुछ कल्याण
विधान करो
यह भयंकर तेज
सब तरफ से
मेरी तरफ दौड़ रहा
निर्विघ्न अहो।

कहाँ से क्यों यह
बढ़ता आया
इसका तो मुझे कुछ
प्रबोध करो
मेरे प्राण अब यहीं
नष्ट हुए
कुछ तो कृपा दृष्टि
से देखो ।

हे अर्जुन, यह,
अश्वात्थामा ने
ब्रह्मास्त्र का संधान
किया है
अब इसे वह लौटा
नहीं सकता
इसे वह लौटाना
नहीं जानता है ।

हे अर्जुन, तुम,
भलीभाँति
सारी शस्त्र-विद्या के
हो ज्ञानी,
इस ब्रह्मास्त्र- ज्वाला को
तुम शांत करो
अब तुम भी ब्रह्मास्त्र का
अह्वान करो ।

ऐसा सुनते ही
अर्जुन ने
आचमन कर मेरी
परिक्रमा किया,
फिर ब्रह्मास्त्र के
निवारण हेतु
उसने भी ब्रह्मास्त्र का
संधान किया ।

ब्रह्मास्त्रों के तेज
प्रलय कालीन
अग्नि के जैसे
टकराने लगे
दोनों अस्त्रों की
लपटों से सब
जीव त्राहि-त्राहि कर
जलने लगे ।

अर्जुन ने तब मेरी
आज्ञा से
उन दोनों ब्रह्मास्त्रों
को लौटाया
और झपटते हुए तुरत
अर्जुन ने क्रूर
अश्वत्थामा को
पकड़ लिया।

जैसे कोई पशु को बाँधे
ऐसे ही अर्जुन ने
उस दुष्ट अश्वत्थामा को
बांध दिया
अर्जुन इस ब्रह्मणाधम को,
मार डालो,
हे दुर्योधन, मैंने कुपित
हो के कहा।

धर्मवेत्ता पुरुष कभी
असावधान,
संत, पागल, मतवाले,
शरणागत
सोये हुए, रथहीन, और
स्त्री, बालक,
या भयभीत शत्रु पर भी नहीं
उठाते हैं अस्त्र।

ऐसे क्रूर प्राणी,
पशुओं का वध
सदा सदा कल्याणकारी
ही होता है,
इसे दया नहीं करना,
इसने निरपराध बालकों
की हत्या की है।

अपने प्रण को पूरा
करो, जो तुमने
द्रौपदी से की है,
हे अर्जुन, 'तुम उसका
सिर उतार लाओगे'
जिसने उसके निरपराध
सोये बालकों की
हत्या की है ।

हे पार्थ, इस कुलंगार
का वध यहाँ
अनुचित नहीं, सर्वथा
उचित है,
इसने तेरे साथ ही साथ,
अपने स्वामी
दुर्योधन को भी दुःख
पहुंचाया है ।

हे अर्जुन अब इसे
मार ही डालो
ऐसा कह मैंने अर्जुन को
उत्तेजित किया,
और मैं, श्री कृष्ण ने
इसी बहाने
अर्जुन के धर्म की भी
परीक्षा लिया।

मगर धर्मावलम्बी अर्जुन
के मन में
गुरु पुत्र को मारने की
इच्छा न हुयी,
उसने उसे अपने शिविर
में ला कर,
शोक संतप्त द्रौपदी
को सौंप दी।

अश्वात्थामा को पशु
की तरह बंधा
पृथ्वी पर पड़ा, जब
द्रौपदी ने देखा,
उसके इस अपमान
को देख
द्रौपदी का हृदय
करुणार्द्र हुआ।

उसने गुरु पुत्र
अश्वात्थामा को
प्रथम, आदर से
नमस्कार किया,
फिर द्रवित हो,
छोड़ दो, छोड़ दो,
हे आर्यपुत्र, अर्जुन से
अनुनय किया ।

हे महा भाग्यवान ये
आपके गुरु पुत्र हैं, जिस
गुरु कृपा से आपने
पाया है शस्त्र विद्या
वही ब्राह्मण गुरु पुत्र
नत-मस्तक हैं,
जिनकी कभी होती थी
इस कुल में पूजा ।

इन्हें इस तरह व्यथा
पहुंचना योग्य नहीं
यह देखो मेरे आंसू
थम रहे नहीं
दारुण पुत्र वियोग की
अग्नि में हम
क्या झोंक देंगे पूज्या
गुरु माता को भी ?

जो राजा किसी भी
कारण वश
ब्राह्मणों को कुपित
करते हैं,
उस का परिवार
ब्रह्म कोप से
शीघ्र शोकाग्नि में
भस्म होते हैं ।

यह बात धर्म न्याय के
अनुकूल थी
द्रौपदी में कपट नहीं,
करुणा, ममता थी
युधिष्ठिर ने इन वचनों को
उचित कहा
और मैंने भी द्रौपदी का
समर्थन किया ।

तभी क्रोधित हो
भीमसेन बोले
जिसने सोते बच्चों को
नहीं छोड़े,
ऐसे अधर्मी, पापी का
वध है उत्तम
यह शास्त्र- सम्मत है
न कि है अधर्म ।

मैं ने भीमसेन की
बातें सुन कर
हंसते हुए कहा अर्जुन
को देखकर
पतित ब्राह्मण का भी वध
उचित नहीं
पर आततायी का वध भी
अनुचित नहीं ।

हे अर्जुन, द्रौपदी को जो
सांत्वना दी थी
उस प्रतिज्ञा को
तुम मत भूलो,
साथ ही भीमसेन, द्रौपदी
और राजा को
जो प्रिय लगे, उसे भी
तुरत पूरा करो ।

अर्जुन ने भगवान का
इंगित समझा
तुरत तरकस से तलवार
निकाल लिया
अश्वत्थामा के सिर के
बालों के साथ
उसके मस्तक का
मणि उतार लिया ।

मणि के उतरते ही
अश्वत्थामा
ब्रह्म तेज से भी
हो गया हीन
अपने कुकर्मों के
कारण जो
पहले से ही हो चुका था
श्री विहीन।

इसके बाद अर्जुन ने
अश्वत्थामा को
उसके बंधन खोल कर
मुक्त किया
यही ब्रह्मणाधमों का
वध है, कह,
उसे शिविर से
निष्कासित किया।

परंतु रे दुर्योधन,
तू यह सब क्या मानेगा
तू बना हुआ है
विनाशकारी,
मित्र कर्ण, मामा शकुनि,
सौ भाईयों संग
तेरी भी आहुति पड़ी
रे अहंकारी।

तूने जो पांडव की
बात कही
सुन, वे सब तो देव
अवतार ही हैं
उन्हें मनुज धर्म
क्या बाँधेंगे,
युधिष्ठिर तो स्वयं
धर्मराज ही हैं ।

धरती पर धर्म क्या
होता है
यही बताना उनकी
नियति है,
तुझ जैसे पापी का
संहार ही
जगत में धर्म की
अभिब्यक्ति है ।

तब दुर्योधन कृष्ण को
रोक कर बोला,
वाह कृष्ण, वाह,
तेरा क्या कहना
पांडव की नियति,
मैंने किया पाप
यह कैसा न्याय, तेरा,
कैसा तेरा प्रलाप ।

कृष्ण बोले,जैसे जौ,
चावल, गुड़, तिल, घृत की
किसी यज्ञ में दी जाती
है आहुति,
वैसे ही कौरवों की इस
युद्ध यज्ञ में
पांडव भाइयों ने मिल
कर दी तेरी भी वही गति ।

कृष्ण बोले सोच,
क्यों नहीं उतार पाया
दुःशासन
द्रौपदी की वह
छोटी सी साड़ी
इस पर तूने कभी
किया गौर नहीं
खींच खींच क्यों उसने
हार मानी ?

साड़ी का पट न छोटा
हो पाया
मैंने ही छल किया
सबने समझा
नहीं, वहाँ तो था
सतीत्व का बल,
भले ही पांडव हार चुके थे
अपना तन ।

युधिष्ठिर तो स्वयं
धर्मराज ही हैं
फिर, पत्नी संग
अधर्म कैसे होता
मगर तू धर्म
क्या समझेगा
तूने तो सदा पाप का
दामन ही थामा।

यदि शेर भाग पर
गीदड़ झपटे तो
वह कुछ क्या
छीन पाता है,
और अंत में
भटक कर मौत
ही गीदड़ का भाग
बनता है।

तुम जरा यह भी
विचार करो दुर्योधन,
तेरी सेना का
सेनापतियों सहित
हुए विध्वंस
और अब तेरे बचने का
क्या कहीं कुछ भी
बचे हुए हैं साधन।

भीष्म, द्रोण, कर्ण,
शल्य, कोई भी
क्यों तुझे जीत
नहीं दिला पाए
जबकि सारे ही
महारथी पांडव से
हर क्षेत्र में कहीं
बढ़-चढ़ कर थे।

भीष्म पितामह दस
दिनों तक
लड़ शर-शय्या पर
सो ही गये,
गुरु द्रोण ने पाँच
दिनों तक लड़
पुत्र शोक वश प्राण
त्याग दिये।

कर्ण के रथ का पहिया
दो दिन बाद
ही कीचड़ में
जा कर के फंसा
कभी सोचा तूने,
मैं भी क्यों नहीं
अर्जुन के बाणों से
कर्ण को बचा पाया ?

फिर दुर्योधन ने पूछा
क्रोध कर,
हे माधव, बोलो कुछ
युक्ति कर
अर्जुन ने क्योंकर
शस्त्र उठाया
विपत्ति में फंसे बे वश
शापित पर ?

कर्ण गुरु श्राप से
पीड़ित था
पृथ्वी ने भी उस पर
न की कृपा
उस एक निहत्थे
प्राणी पर तुमने
किस कारण दिखलाई
ऐसी निष्ठरता ।

रोष भर कहा कृष्ण ने,
हाँ, सच है,
यह अभिमन्यु के वध
का बदला था
तुमने सात महारथियों
संग जो किया
वही अन्याय पार्थ ने
तुझको लौटाया ।

तभी यह ज्ञान कहाँ था,
जब शकुनि, जयद्रथ,
अश्वत्थमा, दुःशासन,
संग गुरु द्रोणाचार्य,
कृपाचार्य और कर्ण ने
मिल एक निः शस्त्र
बालक की कर दी
थी निर्मम हत्या ।

जरा सोच कर बता
हे दुर्योधन,
क्या वहाँ तेरी आत्मा
न काँपी थी
यह अबोध बालक तेरे ही
कुल का था
क्या नियति ने तुझसे
नहीं पूछी थी ?

और नियति जान लो
कौरवपति
तुमने तो अर्जुन के
पुत्र को मारा था
मगर नहीं
कर्ण को सब
ज्ञात था वह
चंद्रमा का अंश था।

कर्ण को होनी ने
विवश किया
एक सूर्य अंश ने
चंद्रमा पुत्र पर
अनैतिक प्रहार किया
कर्ण को इसका भी था ज्ञान
मगर उसे वहाँ बस
तेरा ही रहा ध्यान ।

जिसकी आयु चौदह
वर्ष की ही थी,
उसे क्या कोई
मार पाते भला
चंद्रमा के द्वारा
चौदह वर्ष की आयु
दे कर ही उसे धरती
पर था भेजा गया ।

उसे तो पृथ्वी से
जाना ही था
उसका जीवन तो
इतना ही था
मैंने ही इतिहास
लिखने को उसको
तुम सब के हवाले
कर दिया था।

इसपर जरा विचारो,
हे कौरवराज,
तुमने किसे मार जीतना
चाहा ताज ?
फिर अर्जुन के प्रण
को सुनकर
जब जयद्रथ काँप उठा
थर थर थर कर ।

तुम यह भी जान लो
दुर्योधन,
निश्चित था जमाता
जयद्रथ वध
उसको तुम क्यों नहीं
बचा पाए
मिल कर भी सारे
सखा सहचर ।

तेरी बहन बन
गई विधवा
तू हाथ मल रहा
दिन गिन गिन
तेरी सारी सेना को
अकेले ही
अर्जुन ने कर दिया
छिन्न भिन्न ।

अर्जुन अकेले ही
धरती की सारी
सेना का कर सकता
था संहार
मगर लाखों संग एक
का युद्ध
सदा शास्त्र निषिद्ध
होता आचार ।

कुरुक्षेत्र का धर्म ऐसे
युद्ध की
आज्ञा कभी नहीं
दे सकता,
ऐसा करने से कुरुक्षेत्र
का युद्ध
धर्म नहीं, अधर्म बन कर
रह जाता ।

तुम चाहे जितना
अधर्म करो
पांडवों ने धर्म का कभी
त्याग नहीं किया
तेरी यातना सह सह कर
भी अर्जुन ने
न्याय का साथ
नहीं छोड़ा ।

तभी दुर्योधन बोला,
होकर खिन्न
क्यों, गाल बजाते हो केशव
तुम यूं ही,
जिस अर्जुन की तुम इतनी
कर रहे बखान
उसकी तुम बिन कहो
क्या है पहचान ?

छली कृष्ण छल पूर्वक
रथ हाँके,
ध्वजा पर विश्वभार लिए
हनुमान बैठे
फिर भी कर्ण की एक बाण
से अर्जुन का रथ
तत्काल तीन गज पीछे
धकेला जाए ।

तुम अकेले पांडव को
छोड़ देते
मैं क्या कर सकता था
जरा देखते
युधिष्ठिर सत्यनिष्ठ
महात्मा है
उसका युद्ध से भला
क्या काम है।

भीम को तुम न
इंगित करते
तब मेरे समक्ष पेटू का
क्या होता,
मेरे पास उससे थी
ज्यादा शक्ति
मगर तू सदा उसीका
बना हितकारी

अर्जुन को गाँडीव
सहित जो
युद्ध में कर्ण न
उखाड़ फेंकते
जरा मुझे उसे डर
दिखलाने देते
माधव, तुम उसे अकेला
छोड़ देते ।

नकुल सहदेव तो
बच्चा था
वहाँ दुःशासन ही
काफी था
पितामह भीष्म,
गुरुद्रोण को
तो तेरे कारण रण में
जाना पड़ा ।

पांडव से मुझको कुछ
भय न था
अकेले कर्ण ही सबको
संभाल देते
इतना बस तुम कर देते
हे माधव,
तुम हम भाइयों से
दूर हो जाते ।

हम सब को अपनी
औकात
तो जरा समझने देते
मैं ताकतवर था
बलशाली था,
पांडव को युद्ध बस
करने देते ।

सब शकुनि मामा
देख लेते
पांचाली का क्या
करना था
अर्जुन को कर्ण
संभाल लेते
बाकि का डर था
किसे भला।

कृष्ण ने तब हँसते
हुए कहा,
तुमने वृथा नहीं सब
सत्य कहा,
तेरे संग शकुनि कर्ण
सदा रहे
अकेले पांडव ही धर्म के
साथ लड़े ।

अन्याय अनीति तुम
करते रहे
धर्म को क्या तुम
समझ पाते
अन्याय सहन करना
धर्म नहीं
विपत्ति से घबराना
धर्म नहीं ।

धर्म का प्रतिकार
नहीं होता
अधर्म का विनाश
निश्चित है
पर तुम धर्म क्या
समझोगे
तुम तो दुराचारी
अन्यायी रहे ।

रे दुर्योधन तू तो है
कलि अवतार
तूने विनाश करने को
थी ठानी
तुझे कोई क्या
समझा पाए
तेरे मंत्र दाता जो थे
मामा शकुनि।

तब दुर्योधन हँसते
हुए बोला,
सब पूर्व योजना ही थी
हे माधव,
मैं भी हाथ जोड़कर
तुझे समर्पित हूँ
मेरी भी योजना पूर्ण
करो तुम अब।

मेरे इस अपवित्र
कर को थामो
इस जग से मुझको
मुक्ति दो,
मुझे ज्ञात ही था सब
नष्ट होगा
तेरे संग वैर में भी
भक्ति दो।

नमस्कार नमस्कार
हे वासुदेव
गुरुओं के गुरु
देवों के देव,
मेरे पापों को अब
क्षमा करो
अखिल जग तेरा है,
मुझ को भी स्वीकार करो ।

अपने इस दास के
कर गहकर
पांडव को राज दे
मुझे विदा करो
गांधारी, धृतराष्ट्र भी
तेरे भक्त
उनके जीवन का
भी पाप हरो ।

युद्ध भूमि में लड़
करके वीर
परम गति को
पाते हैं,
मुझको पर वो भी
नहीं मिला
मेरे भाग्य सभी
से ऊपर हैं ।

तेरे कंधे पर सिर
अब रखता हूँ
तेरी मैत्री, कृपा
स्वीकारता हूँ
तेरे ही हाथों में
हाथ डाल
इस जग से जाना
चाहता हूँ।

तू ही इस जीवन का
परम सच है
गुरु, बल-दाऊ ने कभी
कहा था मुझसे,
आज भी मेरे पाप खंडित करने
तेरे हवाले करके वे चले गए
सोच के अंतर हैं कैसे
मैंने सोचा, मुझसे रुष्ट हुवे ।

हे मित्र, बंधु, प्रभु,
सखा सुनो,
दुर्योधन बोला
व्याकुल हो कर,
तभी कृष्ण की
आँखों में झाँका
लिया प्रभु ने अपनी
बाँहों में भर ।

कृष्ण बोले,
हे कुरुराज, जो मौत
तुझे मिल रही,
यह युधिष्ठिर, अर्जुन
भी न पाएंगे,
यही मौत बालि, रावण को
मिली थी
सुग्रीव विभीषण तो बस सगे
ही कहे जाएंगे ।

तभी कृष्ण ने शंख,
चक्र, गदा, पद्म
धारी चतुर्भुज रूप
ग्रहण किया
ऋषि अगस्त्य भी जिसके
लिए तरसे थे
वही रूप दुर्योधन को
दिखलाया ।

दुर्योधन अचंभित
विस्मित हो कर
प्रभु की स्तुति
लगे करने
हे कृष्ण यह सारा जग
तुझसे ही
मुझे अब और नहीं
कुछ हैं दिखते।

हे नाथ यह थल, नभ
सब तेरा ही
तू ही तू हर जगह,
समाया हुआ
तुझसे अलग कुछ
कैसे होगा
तेरा ही यह ब्रह्मांड
बनाया हुआ।

पहले तो तू अचल स्थूल
निर्विकार था
सृष्टि की इच्छा से ही
तू सजग हुआ,
जल में नाभि कमल से
अपने तूने
परम पिता ब्रह्मा की
सृष्टि किया।

जब ब्रह्मा खुद को
अतल लोक में अकेले पा
भय-विस्मित हो तुझे
ही पुकारने लगे,
तब प्रभु आपने दर्शन
देकर, उनको भी
कृतकृत्य किये।

ब्रह्मा ने अपनी सृष्टि का
कारण पूछा

तो उन्हें सृष्टि करने का
आदेश मिला,
आपके आदेश स्वीकार कर
पहले ब्रह्मा ने
दस हजार वर्षों तक घोर
तपस्या किया।

तप के बाद ब्रह्मा जी ने
इस ब्रह्मांड का
प्रभु आपकी इच्छा से ही
सृजन किया,
प्रथम सनत, सनातन, सनकानंद,
सनत्कुमार
नाम के अपने चार पुत्रों को
उत्पन्न किया।

वे चारों बाल रूप जन्म
लेते ही आपके
तप करने को आतुर,
वन को चले गए,
तब ब्रह्मा ने पुनः नारद
रूप पुत्र को उत्पन्न कर
उन्हें सृष्टि रचने के
आदेश दिये।

पर नारद भी आपकी कृपा से
गुरु पाकर

इस संसार के जीवन-मरण से
मुक्त हुए,
फिर ब्रह्मा ने एक साथ ही
सृष्टि हेतु
स्त्री पुरुष मनु शतरूपा
की जोड़ी उत्पन्न किये ।

हे नारायण, उनके रहने के
लिए आपने
पृथ्वी को रसातल से
उठा लाया,
वराह रूप धर हिरण्याक्ष वध
करके प्रभु
आपने जग भर को
अचंभित किया ।

तब पृथ्वी का उद्धार, इस
जगत का हुआ निर्माण
फैले धरती पर मनु
शतरूपा के संतान,
फिर तेरी ही कृपा से कितने
राजे महराजे
संत मुनि ऋषियों ने दिया
इस धरा को सम्मान ।

इक्ष्वाकु वंश के उत्तानपाद,
दिलीप, भरत,

हरिश्चंद्र, दधीचि, राजे,
सबने अवतरित हो
अपने अलौकिक कर्म- धर्म
को पूरे किये
और सृष्टि के लिए उन्हौंने,
नित नए कीर्तिमान गढ़े ।

हे माधव, क्या-क्या अब
मैं बोलूँ
तुझको तो सब सच
है ही पता,
इस सृष्टि में तेरे बिन
क्या है
तूने ही तो सब
खेल रचा ।

नभ के ग्रह, नक्षत्र,
तारे नत हैं
नतमस्तक हैं
धरती के अणु -अणु,
जलचर, थलचर, नभचर,
जितने जग के
किसी का कुछ काम
नहीं तेरे बिनु ।

पाप नाश करने को
द्वापर में

तूने ही राम रूप
अवतार लिया,
फिर कृष्ण रूप में
आकर तूने
ही भारत का नया
इतिहास लिखा ।

अर्जुन को गीता का
ज्ञान बताकर तूने,
जग को ज्ञान का
भंडार दिया,
गीता बिन यह जीवन
भी सच नहीं
जगत को कर्म की
राह दिखलाया ।

कभी बाल लीला कर
माखन खाया
माखन चोरी से गोपियों को
बहलाया
कभी ग्वाल बालों संग
वन में जाकर
स्वयं ब्राह्मा को भी
अचंभित किया ।

वृंदावन में गोपी संग
रास रचा कर

उनकी चिर- अभिलाषा
पूरी किया
राधा के संग प्रेम का
खेल दिखाकर
मानव को प्रेम की
भाषा सिखलाया।

वहीं देवकी वसुदेव को
मुक्त कर
कंस को भी पाप से
मुक्त किया
कूबड़ी बृन्दा को
लात मार कर
उसके भी पाप को
खंडित किया।

हे नाथ, मैं तेरा क्या-क्या
गुण गाउँ
मैं तो सब जानते हुए भी
पापी हूँ,
कर्ण ने तेरे सब गुण
बतलाये थे
मगर मेरे पाप मेरे से
वजनी थे।

इस दिग-दिगंत में कुछ न
बचा अब

सब कुछ मेरे ही पापों में
भस्म हुए,
कहीं न कोई
बचने पाए
एक तू-ही-तू सर्वत्र
विचर रहे।

कृष्ण बोले,
हे कुरु नंदन
अब तू कुछ और
शोक न कर,
समय सदा बदलते
रहता है
नहीं तो रुक जाएगा
यह पूरा जग।

यह कुल, यह युग समाप्त
हुआ अब,
अब कलियुग का
उदय होगा
कुरुवंश की कथा जगत
में अभिमन्यु पौत्र
जन्मेजय तक ही
प्रसिद्ध होगा।

तभी दुर्योधन हुआ
प्रभु में विलीन

महाभारत की कथा
हुई लयलीन,
युधिष्ठिर हस्तिना पूरी के
बने राजा
धृतराष्ट्र गांधारी ने त्यागी
राज-संपदा ।

और कुंती ने भी
उन्हीं की राह पकड़ी
सबने वन में घोर
तपस्या की
धृतराष्ट्र के पापों के
प्रायश्चित में
गांधारी सदा तत्पर
रही बन कर सती ।

परीक्षित की गर्भ में रक्षा

महाभारत युद्ध पूर्ण होने के बाद
स्त्रियों, स्वजनों, श्री कृष्ण के साथ
मृत बंधुजनों के गुण याद करते
हुए पांडव, आ पहुंचे गंगा घाट ।

सभी मृतकों को जलदान दिये
सबने उनके गुण-- बखान किये
सबकी यादों में विह्वल होकर
बहुत तरह से सब ने विलाप किये ।

महाराज युधिष्ठिर, धृतराष्ट्र
और पुत्र शोक से व्याकुल गांधारी,
द्रौपदी, कुंती, सबने संग मिलकर
पूरे कुल को दिये जलांजलि ।

धौम्यादि ऋषि मुनियों के सहित
श्री कृष्ण ने उन्हें सांत्वना दिया,
संसार सदा काल के होते अधीन
उनके लिए शोक करना व्यर्थ होगा ।

कोई सदा जीवित नहीं रह सकता
कभी-न-कभी सबों को मरना ही होता
जाने वालों के लिए शोक करके भी
क्या उन्हें कोई लौटा पाया ?

श्री कृष्ण ने युधिष्ठिर को समझाया
उन्हें राज- धर्म- पथ दिखलाया
जो दुष्टों ने छल पूर्वक छीना था
वह राज्य उन्हें अब लौटाया ।

द्रौपदी के पावन केश स्पर्श करने से,
जिनकी आयु हो चुकी थी क्षीण
उन का वध महाभारत युद्ध में
निश्चित था, जानें हो संशय विहीन।

भगवान कृष्ण ने युधिष्ठिर से फिर
तीन उत्तम अश्वमेध यज्ञ करवाए
उत्तम सामग्री, श्रेष्ठ पुरोहितों को
इस यज्ञ के लिए नियुक्त किये ।

सौ यज्ञ करने वाले इंद्र जैसे ही
युधिष्ठिर के यश दिशा-दिशा फ़ैले
इतना कुछ करने के बाद कृष्ण ने
द्वारका लौटने के निर्णय किये ।

उन्होंने पांडवों से विदा मांगी और
ब्राह्मणों का खूब किया सत्कार
लोगों ने कृष्ण विदा की बात सुन
किया खूब उनका सम्मान आभार ।

तभी उत्तरा, भयसे व्याकुल होकर
उनकी ओर दौड़ी चली आ रही,
हे प्रभु, मेरा गर्भ संकट में है
मेरी रक्षा करें, रक्षा करें मेरी ।

हे देवाधिदेव, जगदीश्वर, महायोगी
अभी यहाँ सब मृत्यु निमित्त हो रहे,
प्रभो, आप सर्व शक्तिमान, रक्षा करें,
हे अखिल विश्व को अभय देने वाले ।

एक लहकता हुवा लौह बाण
मेरी ओर दौड़ा आ रहा चला
यह मेरा जीवन भले नष्ट कर दे
पर गर्भ न नष्ट करने पाए मेरा ।

भक्तवत्सल दीन रक्षक भगवान ने
उत्तरा की पुकार सुनते ही जाना
पांडवों के वंश को निर्बीज करना
चाह रहा है दुष्ट अश्वत्थामा ।

अश्वत्थामा ने ही पुनः अपने
ब्रह्मास्त्र का है संधान किया
तुरत सर्व शक्तिमान कृष्ण ने
सुदर्शन-चक्र का आह्वान किया ।

शरणागत की विपत्ति जानकर
अपने भक्तों की उन्हौंने रक्षा की
दीन दयालु प्रभु ने उस गर्भ को
अपने माया-कवच से बस ढंक दी ।

कृष्ण ने पांडवों की वंश बचाने को
ब्रह्मास्त्र को विचलित कर दिया
यद्यपि ब्रह्मास्त्र अमोघ होता है
निवारण का कुछ उपाय न था ।

मगर कृष्ण के समक्ष आते ही
ब्रह्मास्त्र का तेज निस्तेज हुवा
यह कोई आश्चर्य न जानो
भगवान तो आश्चर्य ही होते सदा ।

अजन्मा होकर भी सदा प्रभु
माया रूप से जन्म लेते हैं
कुछ भी आश्चर्य नहीं बचता वे
जब भक्तों की रक्षा करते हैं।

ब्रह्मास्त्र की ज्वाला शांत हुयी
पांडव का वंश निर्विघ्न हुवा
तब पुत्रों और द्रौपदी के साथ
कुंती ने प्रभु की स्तुति किया ।

"नमस्य पुरुषं त्वाऽऽद्यमीश्वरं प्रकृतेः परम्
अलक्ष्यं सर्वभूतानामन्तर्बहिरवस्थितम् "..
हे पुरोषोत्तम आदि पुरुष परमेश्वर
सभी जीवों में एक रस बाहर-भीतर
इद्रियों और वृत्तियों से अलक्ष्य
बारम्बार तुझको मेरा नमस्कार ।

जो कुछ ज्ञान में जाना जाता
तह में विद्यमान रहता तू ही
माया के पीछे ढंके हुए तुझको
कैसे मैं समझूँ हे अविनाशी ।

नट के भेष को देख मूढ़ जैसे
असली भेष नहीं समझ पाते
वैसे ही आपको प्रत्यक्ष देख भी
कोई आपको जान नहीं पाते ।

आप ही शुद्ध हृदय परमहंसों
के हृदय में, भक्ति रूप होते हैं
आप ही प्रेम भक्ति के सृजक
मैं अल्प बुद्धि नारी कैसे समझें ?

आप श्री कृष्ण,वासुदेव,देवकी नंदन,
आप ही नन्द गोप लाडले गोविंद
जिनकी नाभि से ब्रह्मा प्रकट हुए
आपके नेत्र-कमल जैसे उत्पल कुंद ।

आपने दुष्ट कंस की कैद से,
देवकी, वसुदेव की रक्षा की है
चिरकाल से शोक संतप्त देवकी को
आपने घोर विपत्ति से उबारी है।

हे ऋषिकेश मेरे पुत्रों को भी आपने
बार-बार विपत्ति से बचाया है,
लक्षा-गृह, हिडिम्ब, दृत-सभा
और वनवास में साथ निभाया है।

कहाँ तक मैं महिमा गिन पाऊं
उन्हें बचाया अश्वत्थामा के ब्रह्मास्त्र से,
युद्ध-क्षेत्र में भी सदा उनकी रक्षा की
भीष्म पितामह, द्रोणाचार्य के बाणों से।

हे जगतगुरु, हमारे जीवन में तो
सर्वदा विपत्तियां ही आती रहीं पर
भगवन आपके दर्शन मात्र से
मेरी सब व्याधि मिटती भी गई।

हे नारायण, जन्म-मृत्यु के फंदे,
सब आपकी कृपा से कट जाते हैं
कुल, विद्या का घमंड करने वाले
आपके दर्शन नहीं कर पाते हैं ।

आप तो सदा निर्धनों के धन,
अनाथों के सखा कहलाते हैं
जो निश्छल आपकी शरण गहे
माया प्रपंच उन्हें नहीं छूते हैं ।

आप स्वयं में ही विहार करनेवाले,
परम कल्याण मय शांत स्वरूप,
आप ही कैवल्य मोक्ष के अधिपति
आप ही सदा नमस्कार योग्य ।

आप अनंत, सर्वव्यापक, नियंता
आप ही हैं सबके स्वामी परमेश्वर,
मनुष्यों की सी लीला करने वाले
अनजाना, अनाम, अबूझ, ईश्वर ।

प्रभु आप कब क्या करना चाहते
यह कोई कहाँ समझ सकता
आपके कोई प्रिय, अप्रिय या
कोई अपना भी कभी नहीं हुवा ।

आप ही हैं विश्वात्मा विश्वरूप
आप न जन्म लेते न कर्म करते हैं
परंतु मनुष्य,पशु, जलचर, थलचर
रूप आप ही अवतार लिया करते हैं ।

आपने दूध की मटकी फोड़ा
यशोदा मैया को खिझा दिया
बालरूप को बांधने हेतु, माता को
अपने माया पाश से बाँध दिया ।

माता के हाथों में रस्सी देख
आपकी आँखों में आंसू छलके थे
आंसू संग चंचल नेत्रों के काजल
मासूम कपोलों पर बह निकले थे ।

भय युक्त डर से झुकी हुयी आँखें
कितनी कातर कितनी निर्मल थी
ध्यान कर आज तक मैं हूँ मोहित
कन्हैया तेरी वह कान्ति कैसी थी ।

जिसके भय से भय भी भय करता.
उसकी लीला-छवि से मैं विस्मित हूँ
जैसे मलयाचल, कीर्ति विस्तार करते
चन्दन मलय हो, मैं नतमस्तक हूँ ।

अपने भक्त यदु की कीर्ति फ़ैलाने
आपने यदु वंश में अवतार लिया
अजन्मा होकर भी देवकी नंदन बन
दैत्य का नाश, जग कल्याण किया ।

कुछ महापुरुष कहते, भक्तों द्वारा
श्रवण करवा कर अपनी लीला गान
उनके पापों का बोझ कम किया
तूने जगत के दूर किया अज्ञान ।

हे भक्तवांक्षा कल्पतरु प्रभु, आपका
अवतार यदि धरती पर न होता
यदुवंशियों, पांडव वंशियों का आपके
दर्शन बिना उद्धार क्यों कर होता ?

आपके चरित्र लीला को हे प्रभो, लोग
श्रवण कीर्तन कर आनंदित होंगे,
आपके चरण कमलों का स्मरण कर
भक्तजन अविलम्ब मोक्ष को पा लेंगे ।

आप जानते, आपके चरणों को छोड़
हमें कुछ अन्यथा की चाह नहीं,
हमको तो इस पूरे त्रिभुवन में
तेरे बिन और सहारा भी नहीं ।

जैसे जीव के बिना सारी इन्द्रिय
स्वयं ही हो जाती हैं शक्तिहीन
वैसे ही हम यदुवंशी, पांडववंशी
आपके बिना हैं अस्तित्व हीन ।

आपके चरण-चिन्हों से चिह्नित
शोभित है यह कुरुजांगल-देश भूमि
हे गदाधर, आपके चले जाने के बाद
क्या धरती ऐसी ही पावन होगी ?

आपकी दृष्टि से, इस देश की फसल,
लता, बृक्ष, वन, पर्वत भी समृद्ध हुए
हे विशम्भर, आप विश्व के स्वामी
आप से ही सब वृद्धि को प्राप्त हुए ।

हे श्री कृष्ण, जैसे अखंड धारा गंगा की
त्रिभुवन से बह कर समुद्र में मिलती है
वैसे ही मेरी बुद्धि प्रभो सब जगह
भटक कर, आप में ही सिमट जाती है ।

हे वासुदेव, धरती के भार नष्ट करने,
आपने दैत्यों, दुष्टों का संहार किया
गौ,ब्राह्मण,संत, देवता, दुखियों के
उद्धार हेतु ही यह अवतार लिया ।

हे योगेश्वर, चराचर गुरु, विश्वपति
मैं आपको नमस्कार करती हूँ,
आपकी अनंत शक्ति को गोविन्द
मैं साष्टांग स्वीकार करती हूँ।

कुंती की ऐसी मधुर विनती सुन
भगवान मधुर-मधुर मुस्काने लगे,
कुंती से "अच्छा बुवा ठीक है" कह
प्रभु श्री कृष्ण हस्तिनापूरी आये।

कृष्ण सुभद्रा से विदा ले जाने लगे
तभी युधिष्ठिर ने रोक लिया,
युधिष्ठिर को अपने भाई बन्धुओं के
मारे जाने का शोक बड़ा ही था।

श्री कृष्ण ने अनेकों इतिहास बता
युधिष्ठिर के शोक कम करना चाहा
मगर अपने जनों के वध का शोक
राजा का इससे भी कम नहीं हुवा ।

वे अविवेक युक्त चित्त से लगे कहने
भला अज्ञान तो देखो, मुझ दुरात्मा के
मैंने सियारों के भोजन, इस अनात्म देह
वास्ते, अठारह अक्षौहिणी बंधु मारे ।

चाचा, ताऊ, बन्धु, बांधव गुरुजनों
सबों से व्यर्थ ही मैंने द्रोह किया
यद्यपि राजा, प्रजा पालन के लिए
शस्त्र उठाए, तो शास्त्र सम्मत होता ।

राज्याधिकार कहता, प्रजा पालन करो
शत्रुओं पर शास्त्र उठाओ, युद्ध करो,
पर किसी के पति, पुत्र, भाई बंधु को
मारने से पाप ही लगा है, मुझको।

हे कृष्ण, मुझे कुछ संतोष नहीं होता
मैं गृहस्थोचित कर्म नहीं कर सकता
मैं यज्ञादि करने में भी अक्षम हूँ,
कीचड़ से गंदला जल स्वच्छ कहाँ होता ?

हे वासुदेव, मदिरा से धोने से भला
क्या कभी अपवित्रता नष्ट होती
हिंसा - बल के यज्ञ करने से भला
प्रायश्चित क्योंकर कर सकता प्राणी?

तभी कृष्ण ने उन्हें समझाया
यह जग नश्वर है बतलाया
अब इस युग का नाश होगा
नए युग कलि का उदय होगा ।

हे युधिष्ठिर, निर्विघ्न राज करें
किसी की आप कुछ चिंता न करें
जिन्हें जाना था वे सब गए चले
जो बचे हैं वे भी न रहने वाले।

अब यादवों का भी होगा नाश
पूरे यदुकुल का होगा विध्वंश
दाऊ भी उद्धत करने को प्रयाण
जल्द ही मेरा भी सजेगा महायान ।

कोई भी युग सदा नहीं रहता
जग में गम-खुशी होते रहता
जो भी आते हैं वे जाते हैं
हर युग कोई सदा न रहते हैं।

श्री कृष्ण का महा प्रयाण

महाभारत - युद्ध खतम हुआ
युधिष्ठिर बने हस्तिनापुर राजा
महाभारत के बाद युधिष्ठिर ने
लगभग छत्तीस वर्ष राज किया ।

सब व्यवस्थित होने के बाद
भगवान कृष्ण के कहने पर
राज्य को संतुलित करने के लिये
युधिष्ठिर ने तीन अश्वमेध यज्ञ किये।

तत्पश्चात भगवान श्री कृष्ण ने
विश्वेश्वर विश्व रूप जगदीश ने
हस्तिनापुर से द्वारका लौटने की
पांडवों से हाथ जोड़ विदा लिए ।

पांडव परिवार से मिलकर श्रीकृष्ण
गए विदा मांगने महल धृतराष्ट्र के
धृतराष्ट्र, कृष्ण से मिलने के बाद
भीम से मिलने को आतुर हुए ।

वे बोले मेरे निन्यानवे पुत्रों के वध
करने वाले वीर से मिलन चाहता हूँ

दुर्योधन अब रहा नहीं, भीम को
मैं आज गले लगाना चाहता हूँ ।

अपने पुत्रों के संहार के बाद पांडु के
पुत्रों को ही मैं अपनाना चाहता हूँ
भीम अर्जुन ही मेरा कुल - वंश बचा,
हे कृष्ण, मैं अब पहले भीम को मिलूँ ।

मेरा हृदय बेचैन हो रहा मुझे जल्दी
उस वीर से हे वासुदेव, मिलवा दो
किधर हैं मेरे पांडु पुत्र, हे कृष्ण
तुम जरा उन्हें मेरे पास तो लाओ ।

श्री कृष्ण ने धृतराष्ट्र की समझी मंशा
इशारे से भीम को पास जाने से रोका,
और एक भीम का लोहे से बना पुतला
धृतराष्ट्र के सम्मुख ला किया खड़ा ।

धृतराष्ट्र ने पुतले को ही भीम समझा
आवेग में भर कर छाती से लिया लगा
फिर पुतले को इतनी जोर से दबाया
कि वह पुतला करमरा कर चूर हुआ ।

यह देख सभी हुए आवक,
पर कृष्ण मुस्कुरा कर बोले
हे महाराज, यह क्या,
क्या आप अभी भी न बदले ?

धृतराष्ट्र तब लज्जा, क्रोध बेवशी से
सिर झुका कर बोले, रे माधव तूने
फिर से यहाँ पांडव की पक्ष लेकर
सदा की तरह छल किया मेरे से ।

धृतराष्ट्र को असफल देख
तब श्री कृष्ण के कहने पर
छूवे ताऊ के चरण आ कर
पांचों भाई पांडव ने मिलकर ।

धृतराष्ट्र ने आँसू बहा सबको
अपने गले से लगा लिया
और श्री कृष्ण से माफी मांग
पांडव को "चिरंजीवी भव" कहा ।

धृतराष्ट्र ने तब सच्चे मन से
अपने भ्राता पांडु, के पुत्रों को
स्वीकार किया, उन्हें अपनाया
सारे विषाद त्याग आशीर्वाद दिया ।

तब श्री कृष्ण ने जाकर
पुत्र शोक से व्याकुल
गांधारी को प्रणाम करके
उनके चरण स्पर्श किये ।

मगर गांधारी का मातृ हृदय
अभी तक अपने सौ पुत्रों के
मारे जाने के शोक से दग्ध
उद्विग्न और व्याकुल थे ।

दुख संतप्त हृदय से गांधारी बोली,
कृष्ण, तूने मेरे वंश का नाश किया
तब श्री कृष्ण मुस्का कर बोले
आप ठीक कहती हो, अच्छा बुवा ।

यह सब नियति थी राजमाता,
जो रुकती नहीं किसी कारण से
श्री कृष्ण ने अनुनय भरे स्वर में
हाथ जोड़ कर कहा उनसे ।

इस युद्ध को रोक पाने की
इस नर संहार से बचने की
सामर्थ्य किसी में भी न थी,
ऐसा कह, माधव ने विनति की ।

सभी प्राणी के कर्मों के हाथों में
उनके भाग्य बंधे होते हैं, बुवा
यह विध्वंस होना निश्चित था
इसे कोई क्योंकर रोक पाता ।

सोचिए, कोई एक जन भी कुछ
समझने को कभी न हुए तैयार
सभी कर्मों के हाथों बने खिलौना
नियति बन गई थी हथियार ।

श्री कृष्ण की मुस्कान देख
गांधारी का क्रोध बढ़ आया
बोली, वासुदेव तू इतने पर भी
खड़ा- खड़ा यों है मुस्काता ?

कुरु वंश का समूल नष्ट हो गया,
मेरे दुखों का तुझे है कुछ अंदाजा
अब इस मुर्दे वंश का क्या करना
क्या तुझे कुछ समझ नहीं आता ?

यदि तू खुश हो रहा तो, सुन
आज मेरा तुझको है श्राप
यदु कुल भी समूल नष्ट होगा
आज से छत्तीस वर्ष पश्चात ।

इस कुरु कुल में तो आज भी
पाँच भाई पांडव हैं बच रहे
मगर यदुकुल में कोई न बचेगा
तू जान, मेरा श्राप फले फूले ।

क्योंकि तू नारायण ही सदा
पांडव की रक्षा करने वाला था
मगर हे वासुदेव तेरे कुल को
तू स्वयं भी न बचा पाएगा ।

तेरा वंश तेरे सामने होगा स्वाहा,
वहाँ कोई जलदाता भी न होगा
कृष्ण ने मुसका कर गांधारी के
इस श्राप को अंगीकार किया ।

फिर कृष्ण द्वारका लौट आए
आकर राज-काज संभाल लिये
गांधारी, धृतराष्ट्र, विदुरजी
तीनों तप हेतु वन को चले गए ।

महाभारत युद्ध के लगभग
छत्तीस वर्ष व्यतीत हुए ।
युधिष्ठिर के राज काल में
सारे प्रजा जन सुखी हुए ।

कृष्ण ने जाना अब द्वापर
युग का समय पूरा हुआ
उन्हें, भी जल्द ही बल दाऊ
साथ इस धरती से जाना होगा ।

एक दिन अचानक कुछ ऋषि
वशिष्ठ, दुर्वासा विश्वामित्र आदि
सब एक साथ मिल कर प्रभु से
मिलने आ पहुंचे द्वारका पूरी ।

द्वारका में प्रभु के साथ सारे
यादवों ने उनके सम्मान किये
खुश होकर प्रसन्नता पूर्वक सारे
ऋषि महल के कक्ष में थे बैठे ।

तभी यादव कुल के कुछ
नटखट लड़के जो थे बड़े शैतान
वे ऋषियों की परीक्षा लेने आए,
उन्हें थी कहाँ उनकी पहचान ।

श्री कृष्ण के पुत्र,'साम्ब' ने एक
गर्भवती स्त्री के रूप बनाये
और कुछ बालकों संग मिलकर
वे सब उन मुनियों के पास आए ।

फिर सारे यादव बालक एक साथ
उन ऋषियों से करने लगे ठट्ठा
हे मुनि जरा बताएं इस स्त्री के
गर्भ से बेटी होगा या बेटा ?

तब मुनि दुर्वासा क्रोधित हो बोले
इसके गर्भ बड़े अमंगल कारक होंगे
इसके जो भी हो संतान, पर वही
यदु कुल संहार के कारण होंगे ।

ऐसा सुनते ही सारे लड़के
डर कर वहाँ से चले गए
और दूसरे दिन ही साम्ब ने
एक लौह मूसल के प्रसव किये ।

यह देख वे लड़के हुए भयभीत
उस मूसल को उन सबने मिल
नष्ट किया, यमुना किनारे पड़े
हुए पत्थरों के ऊपर घिस- घिस ।

मूसल घिसने से लौह कण के
पाउडर,यमुना तट पर फैल गए,
और अंत में बचे छोटे टुकडे को
बच्चों ने उसी नदी में फेंक दिये ।

फिर कुछ समय पश्चात सभी
बच्चे इस घटना को भूल गए
ऋषि श्राप का भय भी उनके
मन से अब तक में निकल गये ।

उधर उस लौह खंड के कण
पाउडर जो तट पर फैल थे
सब तंबुवा नामक घास के
घने जंगल बन उग आए थे ।

कुछ समय पश्चात एकबार
मिलकर सारे भाई बंधु यादव
प्रभाष तीर्थ क्षेत्र पर पहुंचे
आपस में मनाने को उत्सव ।

वहाँ सब ने प्रभाष क्षेत्र में स्नान
कर श्री कृष्ण को स्मरण किया
फिर खान -पान करके सबने
खूब छक कर मदिरा पीया।

मदिरा पीकर नशे में सब
हंसी, ठिठोली करने लगे
फिर महाभारत युद्ध की
चर्चा उन लोगों में चलने लगे ।

तभी नशे में धुत कृतवर्मा को
सात्यकी ने गाली दिया, फिर
उन दोनों में बहस बढ जाने से
कृतवर्मा ने सात्यकी को मार डाला ।

देखते-देखते दो दल बन गए
सबमें घमासान मच गए
सभी एक दूसरे को आपस
में ही मारने- काटने लगे ।

सभी मदिरा के नशे में थे धुत
सभी के खो चुके थे सुध- बुध
उनके सारे अस्त्र थे खतम हो गए
पर न वे थके थे न हार माने ।

तभी उन्हौंने किनारे पर उगे
जहरीले तंबुवे को देखा
फिर उसे ही उखाड़-उखाड़ कर
सबने उसी का अस्त्र बना लिया।

उस तंबूवे से जो जिस पर वार
करते वह वहीं ढेर हो जाते
और पूरे यदुवंश तंबूवे की चोट से
लड़ स्वयं मरने मारने लगे ।

बलराम और श्री कृष्ण ने उन्हें
बचाने का बहुत प्रयास किया
मगर नियति वश पूरा यदुकुल
वहीं लड़ कर नष्ट हो हुआ ।

ऋषि और गांधारी के श्राप
एक साथ ही फलित हुए
सारे यादव वंश उस तंबूवे
की चोट से ही नष्ट हुए ।

वे यादव आपस में बहुत
अभिमानी बलशाली थे
होते भी कैसे नहीं सभी तो
कृष्ण बलराम के अंश जो थे ।

उन्हे कोई युद्ध में
जीत नहीं सकते थे
वे अपने बल के बड़े
घमंडी अन्यायी थे ।

श्री कृष्ण को इस बात की
प्रायः होती रहती थी चिंता
समय पूरा होने पर इस
यदुवंश का क्या होगा ?

मेरे और बलराम के सिवा
इन्हें कोई जीत भी नहीं सकता
परंतु अपने ही वंश को भला
कैसे जीता जा सकता ?

मैं तो आया हूँ इस धरती पर
अन्याय अनीति मिटाने को
मगर मेरे चले जाने पर तो ये
विचरेंगे निरंकुश निर्भय हो ।

ये इतने बलशाली हैं कि
इनके बल की कुछ थाह नहीं
कब ये क्या कुछ कर डाले
इन्हें धरती की परवाह नहीं।

द्वारका भी कलियुग से
पहले ही जलाधिष्ट होगा
फिर इस वंश का कहाँ
कौन ठिकाना होगा ?

इन्हीं चिंताओं से श्रीकृष्ण
सदा चिंतित रहा करते थे
कृष्ण नियति के वश होकर
बस कुछ राह खोजते रहते थे ।

गांधारी ने जो श्राप दिया जैसे
कृष्ण को चिंतामुक्त किया
"मैं विष्णु भक्त, पतिव्रता पत्नी हूँ,
तो मेरा श्राप अन्यथा नहीं होगा ।

हे कृष्ण, तेरा भी पूरा यदु वंश
आपस में ही लड़ कर नष्ट होंगे
वहाँ तेरा कुछ जोर नहीं होगा
कुरुवंश जैसे ही सब मिट जाएंगे"।

श्राप दे देने के पश्चात जब
गांधारी का क्रोध शांत हुआ
अपने कथन का आभाष हुआ
उसने यह कैसा अपराध किया ।

वह दुख से बड़ी हुई व्याकुल
जो पुत्र शोक से थी विह्वल
श्री हरि को ही श्राप दे डाली
उसने माया के वश होकर?

तब उसने कृष्ण से डर कर
इस अपराध के लिए क्षमा मांगे
मगर श्री कृष्ण ने इस श्राप को
हृदय से गांधारी के उपकार माने।

उन्हौंने यदुवंश के संहार की
इस श्राप को बस एक राह जाना
और हृदय में श्री कृष्ण ने गांधारी
के इस क्रोध को नियति माना।

महाभारत घटना के बाद लगभग
छतीस वर्ष तक खुशी-खुशी बीते
हस्तिनापुर में और यदुवंश में भी
सभी लोग खुश सुखी संतुष्ट रहे।

युधिष्ठिर जैसे धर्मात्मा प्रतापी राजा
हस्तिनापुर की गद्दी पर होने से
उनका यश कीर्ति चारों दिशा फैला
और पूरे आर्यावर्त बड़ा ही हर्षित थे।

पर नियति तो कभी रुकती नहीं
श्राप कभी झूठ तो होते नहीं
गांधारी के श्राप को फलना था
ऋषियों के श्राप भी सच होना था।

साम्ब के प्रसव किये उस मूसल
कण से जन्मे तंबूवे घास से लड़
एक अनिरुद्ध के छोटे पुत्र छोड़
सारे यदुकुल का विनाश हुआ।

तभी विदुरजी तीर्थाटन से लौट
हस्तिनापुर वापस आए
और अफसोस प्रकट करते हुए
उन्हौंने कुरु कुल के हाल जाने।

उधर यदुकुल पूरे नष्ट हो गए
जब भगवान श्री कृष्ण ने देखा
फिर बलराम जी को न पा कर
उन्हौंने उन्हें ढूँढना शुरू किया ।

बलराम जी एक बृक्ष नीचे
ध्यान लगा कर बैठे थे
मगर उनसे पूछने पर
उन्हौंने कुछ भी उत्तर नहीं दिये ।

तभी उनके मुख से निकल एक नाग
श्री कृष्ण के चरण छू विलीन हुआ
श्रीकृष्ण ने जान लिया बल दाऊ ने
भी इस धरती का त्याग किया।

उन्हें भी अब रुकना नहीं होगा
द्वारका भी जलमग्न होगा
स्त्री वृद्धों की रक्षा वास्ते
तब अर्जुन को बुला कर कहा।

इन्हें हस्तिनापुर ले जाओ
स्त्री वृद्धों की रक्षा करो
द्वारका के जलमग्न होने से
इनके रक्षक अब तुम ही हो ।

एक कदंब की डाल पर एक पैर को
दूसरी जंघा पर रख वे लेट गए
निःश्वास छोड़ते हुए निश्चिंत हो
श्री कृष्ण गहरी चिंतन में डूब गए ।

त्रेता में बालि को राम ने
दिया था एक अभय वचन
जब राम रूप में उन्हौंने
किया था उसका हनन ।

जब द्वापर में प्रभु कृष्ण
अवतार ले धरती पर आयेंगे
तभी श्री कृष्ण का अंत बालि
ही व्याध रूप में कर पायेंगे ।

वही बालि अभी 'जारा' व्याध
बन जंगल में है भटक रहा
अब उसका वरदान पूरा होने
का भी समय आ गया।

कुछ समय पहले 'जारा' ने
नदी में एक मछली पकड़ी थी
जिसके पेट से एक लोहे की
छोटी टुकड़ी निकली थी ।

यह वही लोहा था जो छोटे हो
जाने के बाद घिस न पाने से
बालकों ने नदी में फेंके थे और
उसी से जारा ने तीर बनाए थे ।

जारा उस दिन शिकार करने
जंगल में घूम रहा था
तभी उसे दूर एक हिरण के
दो लाल- लाल कान दिखा था।

व्याध ने तीर चला दिये
तीर निशाने पर जाकर लगे
वह लाल हिरण के कान नहीं
कृष्ण के पाँव थे महावर लगे ।

जहर प्रभु शरीर में फैल गए
तीर का नोक विष से था भींगा
प्रभु आह भर कह रह गए
तभी व्याध शिकार ढूंढते आया ।

प्रभु को रक्त से लथपथ
उसने पैरों में तीर लगे देखा
वह झुक कर तीर निकालने लगा
श्री कृष्ण ने उसको मना किया ।

फिर व्याध को श्री कृष्ण ने
बाली को राम से मिले वरदान
की याद दिलाई, जिसकी
उस व्याध को कुछ स्मृति न थी ।

त्रेता में राम ने जब बालि
को छुप कर मारा था
तभी उसे द्वापर में कृष्ण वध
करने का वरदान मिला था ।

आज वह वरदान पूरा हुआ
अब कृष्ण लीला भी पूर्ण हुआ
कृष्ण को धरती से जाना होगा
अब नए युग का अवतरण होगा ।

तभी वहाँ पर अर्जुन पहुंचे
अर्जुन से कृष्ण ने द्वारका
की स्त्रियों बृद्धों की रक्षार्थ
हस्तिनापुर ले जाने को कहा ।

और तभी श्री कृष्ण का शरीर
देखते-देखते राख की ढेर बना
पर उस राख के अंदर उनका
दिल अभी भी था धडक रहा ।

अर्जुन ने कृष्ण के दिल को एक
नीम के एक तने के अंदर रख,
राख समेत सबको यमुना के
जल में प्रवाहित कर दिया ।

तत्पश्चात अर्जुन द्वारका की
प्रजा को लेकर हस्तिनापुर चले
परंतु उन पर कुछ डकैतों ने
राह में आक्रमण कर दिये।

अर्जुन ने उनपर अपने गाँडीव से
प्रहार करने का प्रयास किया
मगर कृष्ण के नहीं रहने से अब
गाँडीव भी निष्क्रिय हो गया |

अर्जुन ने अन्य अस्त्रों का प्रयोग किया
मगर कोई अस्त्र सफल न हो पाया
तब अर्जुन को समझ आया, कि 'नर'
'नारायण' के बिना बेकार हुआ |

डकैतों ने स्त्रियों और संपत्ति को
अर्जुन से छीन लिया, तभी अग्नि
में कूदकर यदुकुल की स्त्रियों ने
अपने स्वाभिमान की रक्षा किया।

नियति पर जोर न समझ
अर्जुन कुछ बचे हुए
वृद्धों को लेकर हस्तिनापुर
दुखी मन लौट आए।

द्वापर समाप्त होने के बाद जब
कलियुग का आगमन हुआ, तभी
राजा इंद्रद्युम्न को एक दिन नदी
में तैरता लकड़ी का टुकड़ा मिला।

उन्हौंने उस लकड़ी के टुकड़े को
जब बाहर निकाला नदी से
एक आवाज आई उस लकड़ी से
विष्णु की मूर्ति बनाओ इससे।

इस लकड़ी की मूर्ति बनाकर
एक वासुदेव मंदिर बनवाओ
इस मूर्ति को गढ़ने के वास्ते
बढ़ई विश्वकर्मा को बुलवाओ।

तभी वहाँ भगवान विश्वकर्मा
बढ़ई बन कर अवतरित हुए
और एक शर्त रखने के बाद
उन्हौंने मूर्ति बनाना स्वीकार किये।

उनकी वह शर्त ऐसी थी कि वे
इक्कीस दिन में मूर्ति को गढ़ेंगे
मगर इन दिनों मूर्ति गठन में
कोई उन्हें व्यवधान न देंगे ।

वे एक कमरे में मूर्ति गढ़ने लगे
इंद्रद्युम्न ने मानी उनकी शर्त
पंद्रह दिन हो गए फिर भी
उस कमरे से न आए कोई शब्द ।

रानी को तब हुई व्याकुलता
कहीं मूर्तिकार मर तो नहीं गया
ऐसा सोच रानी ने दरवाजा खोला
मगर वहाँ कोई मूर्तिकार न था।

मूर्तिकार विश्वकर्मा भगवान
हो चुके थे मूर्ति छोड़ अंतर्ध्यान
उन्हौंने उस लकड़ी से तब तक में
आधी मूर्ति का किया था निर्माण ।

श्री कृष्ण बलराम सुभद्रा की
अनगढ़ मूर्ति ही बन पाई थी
उस समय तक में मूर्ति के बस
चेहरे थे, हाथ पैर कुछ भी नहीं ।

खाका बने थे, जो बड़े बेढब थे
यह डेख इंद्रद्युम्न हुए दुखी
'चिंता न करो, इसी रूप में रहने दो'
एक आकाशवाणी सुनाई पड़ी तभी ।

बाद में उड़ीसा के महा राजा
अनंतवर्मा ने बारहवीं सदी में
इस मंदिर का पुनर्निर्माण किया
जो जगन्नाथपूरी कहलाया ।

ऐसा कहा जाता है भगवान का
दिल, जो अर्जुन ने लकड़ी के
अंदर रखा था, वह आज भी
उस मूर्ति के अंदर धड़कता है ।

www.ingramcontent.com/pod-product-compliance
Lightning Source LLC
LaVergne TN
LVHW101441200926
848483LV00001B/14
9798903926848